コンビニの闇

木村義和

ワニブックス
PLUS新書

はじめに

休みは週1日未満。週70時間働いて、年収は生活に困窮するレベル。このような条件を提示された場合、あなたはその会社で働きたいと思うだろうか。多くの人は、この条件では働きたくないと思うはずだ。

別の質問をしよう。毎日1万円以上の食べ物を捨てるように強制する人がいたら、あなたはその人のことをどのように思うだろうか。きっと、良い感情を持たないはずである。「食べ物を大切にしなければならない」ということは、誰もが持っている道徳心といっても過言ではない。ましてや、日本には「もったいない」という言葉まである。

もうひとつ、次の場合は、どうだろう。結婚以来、長年の夫婦の夢であったお店を、ようやく持つことができた。開店後、夫婦は頑張って、やっと生活できるレベルにお店は繁盛するようになった。そうしたら、商品からサービスまで全く瓜二つの「コピー店」が、夫婦のお店の周りに次から次へと出店してきた。その結果、夫婦のお店の売上はガタ落ち。生活もままならなくなってしまった。

もし、こんなことが起きたら、このコピー店を出店した人に対して、あなたはどのような感情を持つだろうか。酷いとか、憎いとか負の感情を持ってしまうのではないだろうか。

いずれにせよ、どの問いに対しても肯定的な意見を持つ人はいないだろう。しかし、これらのことは、すべてある業態のお店で、現実に起きていることなのである。その業態とは、「コンビニエンスストア」である。コンビニに加盟したオーナー達の中には、このようなコンビニの「闇」ともいうべき部分を見させられ、「地獄」の苦しみを味わっている人も少なからずいる。

読者の中には、「この場所にコンビニがあったのに」と閉店した店舗を見た経験がある人は多いのではないだろうか。実際、毎年のように多くのコンビニ加盟店オーナーが廃業している。このことからしても、コンビニ経営の過酷さを想像できるのではないだろうか。

もちろん、ビジネスである以上、店舗経営が「100%成功する」ことはありえない。せっかく開店した店舗が閉店になってしまうことがあるのは不思議ではない。しかし、問題なのは、廃業をしたコンビニ加盟店オーナーが経営に失敗したことは、多くの場合、彼らだけの責任だとは言い切れないからである。

コンビニには、加盟店が成功することを困難にする構造的な問題があると筆者は考えている。コンビニが今のシステムを続けていたら、誰もコンビニに見向きもせず、日本からコンビニ経営をする人がいなくなってしまうのではないかと危機感を持っている。

筆者は、フランチャイズ契約を専門とする大学の研究者である。特にコンビニ問題に強い関心を持っている。筆者がコンビニ問題について執筆した研究論文は、参議院経済産業委員会において、野党議員がコンビニ問題に関する質問をする際に、使われたことがある。

筆者が大学の研究者としてコンビニ問題について情報発信をしている理由は二つある。一つ目は、筆者は毎日のようにコンビニを利用しているヘビーユーザーだからである。どのチェーンの何が美味しいかということまで、しっかりと把握している。しかし、せっかく店員さん達と顔馴染みになったのに、閉店してしまったコンビニは多い。

かなり昔の話になってしまうが、筆者は大学院時代に一人暮らしをしていたことがある。一人暮らしをする大学院生にとって、コンビニは本当にありがたい存在である。毎日のように利用していた。筆者が利用していたコンビニは数店舗あるが、そのうちの4店舗が潰れた。

このことから、「なぜコンビニってこんなによく閉店するのだろう」と疑問をもち、大学院生だった筆者は、コンビニの研究を始めた。そして、日本のコンビニフランチャイズ契約は、その内容を知れば知るほど、問題点だらけであることがわかった。そして、コンビニ加盟店オーナーが置かれている現状も酷いものであった。

このことに衝撃を受けた筆者は、どのような問題がコンビニで起きているのかについて、広く世間の方々にも知ってもらいたいと考えるようになった。この想いは、大学で教鞭を取るようになってからも変わっていない。大学の研究者として情報発信をすれば、多くの人がコンビニ問題について認識を深めてくれる。そうなれば、コンビニ加盟店オーナー達の窮状を救うことになるかもしれない。だから、筆者はコンビニ問題について情報発信を続けているのである。これが理由の二つ目である。

コンビニ経営をめぐる問題は複雑であり、その範囲も広い。その核心に迫るには、全体像を理解してもらう必要がある。だから、コンビニ問題のすべてを語りたい。そして、それに対する筆者の想いや考えのすべてをもっと多くの人に知ってもらいたい。筆者は、こんなことを考えながら、これを実現する機会を探していた。

そして、ついに筆者が待ち望んでいたチャンスがやってきた。ワニブックスから本書を出版するお話をいただいたのである。

本書では、読者の方々に「コンビニ加盟店オーナー達は、今、どんな状況に置かれているのか」ということを知っていただき、「どうして、そのような問題が起きてしまっているのか」ということを理解していただきたい。そして、その上で、「その問題はどのように解決されるべきなのか」について、筆者の考えを示そうと思う。

それでは、まず最初に、フランチャイズとは何かを理解してもらった上で、コンビニの闇の部分ともいうべき、コンビニ加盟店オーナー達が経験している地獄のような苦しみの話をしていこう。

目次

はじめに　003

第1章　そもそもフランチャイズ契約とはなにか？……015

繁栄するコンビニ産業　016
コンビニはフランチャイズシステムの代表格　017
フランチャイズビジネスの特徴　019
「成功を売るビジネス」としてのフランチャイズ　022
フランチャイズの歴史　024
日本における発展と隆盛　026
本部と加盟店の共存共栄　027
皆が幸せになる夢のシステムのはずだった　028

第2章 コンビニ加盟店オーナーが奴隷化する理由

第2章　コンビニ加盟店オーナーが奴隷化する理由……031
セブン-イレブン東大阪南上小阪店で起きたこと　032
コンビニ加盟店オーナー達の苦境　035
問題1：24時間営業の強制による加盟店オーナーの過重労働　040
問題2：高額なロイヤルティ　046
問題3：コンビニ会計　050
「コンビニ会計」が用いられている理由　057
本部社員による無断発注問題　058
24時間営業の強制　059
見切り販売の制限　061
見切り販売をさせない理由①　機会ロス　065
見切り販売をさせない理由②　ブランドイメージの維持　069
本部の主張は正しいか　072

食品ロス問題　075
セブン-イレブン本部によるエシカルプロジェクト　079
問題4：仕入値は、スーパーで売っている同じ商品価格より高い？　080
問題5：本部による契約の更新拒絶問題　084
Yさんの場合（セブン-イレブン加盟店オーナー）　087
Sさんの場合（セブン-イレブン加盟店オーナー）　092
繁盛店になると同一チェーン店が次々出店してくる　094
高い市場占有率を維持したい　096
ドミナント戦略の恐怖　098

第3章　ドミナント戦略という悪夢……103

フランチャイズ代表の「本家」はいま　104
マクドナルド1号店の最期　105
ドミナント戦略が引き起こしたオーナー家族の悲劇　108

契約とドミナント戦略　114
裁判所が本部にお墨付きを与えた　116
近隣出店する際の本部による支援策　118
加盟店の主張は認められない　120
ドミナント戦略に未来はあるか　122
ファミリーマート本部による方針転換　124

第4章　国はこの現状をどう見ているのか……127

加盟店オーナーは経営者といえるのか　128
オーナーが「本部に雇われた労働者」だと主張した理由　129
なぜ団体交渉権が必要だったのか　131
中労委は「労働者ではない」と判断した　132
日本のプロ野球選手は労働者？　134
中労委の付言　136

公正取引委員会の動き　137
公正取引委員会によるコンビニ加盟店実態調査　138
本部に怯えて見切り販売ができない　141
公正取引委員会の役割と限界　144
「推奨しない」は独禁法には触れない　145
２０２０年実態調査報告書　148
新たなコンビニのあり方検討会報告書　151
コンビには「社会インフラ」である　153
オーナーにとっては寝耳に水　154
困惑する加盟店　155
現場が「インフラ」を維持できない　157
本部による行動計画策定　158
提言の内容　161
ビジネスモデルの再構築はできるか　166

国の動きは問題解決につながるか　168

第5章　本来あるべきフランチャイズの姿……171

「フランチャイズ法」は珍しくない　172
契約締結前の情報提供義務・誠実な説明義務　173
ロイヤルティに関する規制　177
ドミナント規制　178
営業日や時間の裁量権を加盟店に付与　182
加盟店団体に団結権と団体交渉権を保障　185
海外フランチャイズ法における団結権と団体交渉権　186
本部にとってもメリットとなる　190
契約の更新拒絶に関する規制　192
アメリカにおける更新拒絶の「正当事由」　195

第6章　コロナ禍でも営業を続けるコンビニ……207
コンビニ加盟店は国民の生活を守るヒーロー　208
緊急事態宣言の際中でも「コンビニは開いている」　209
コンビニ本部の対応　210
コンビニ加盟店オーナーや従業員への感染　213
「開いててよかった」が続くために　214

おわりに　219

第1章　そもそもフランチャイズ契約とはなにか？

繁栄するコンビニ産業

街にはコンビニが溢れている。あるコンビニから少し歩けば、別のコンビニに行き着く。街の大通りを見渡せば、コンビニを複数見つけることは容易だ。このように一見すると、コンビニは繁栄しているようにも思える。まさか、コンビニを経営すると地獄の苦しみが待っているとは想像できないかもしれない。

たしかに、コンビニは、現在の日本で繁栄していることは間違いない。日本フランチャイズチェーン協会の調べによれば、２０１８年度（２０１９年3月末）のコンビニはチェーン数が18チェーン、店舗数は5万８３４０店舗、売上高は11兆２６３４億７９０0万円である。この金額がどれだけ凄い額なのか。たとえば、東京都の予算（一般会計）は7兆３５４０億円である。東京都の予算（一般会計）よりもコンビニの売上高の方が大きいのである。これらを比べてみると、コンビニ産業の規模の大きさがわかるであろう（※1）。

コンビニは店舗数が多いことも特徴である。コンビニの店舗数は5万８３４０店舗。

この店舗数についても他の数字と比べてみよう。横浜や川崎などの大都市を抱える神奈川県にある車両信号や歩行者信号の数と日本全国のコンビニの数はどちらが多いであろうか。警察庁によれば、２０１８年度末の神奈川県の車両用灯器数は５万７４６７、歩行者用灯器数は５万３４０８である（※２）。神奈川全県にある車両用信号器や歩行者用信号器の数より、日本のコンビニは多いのである。また、２０１７年度の日本全国の郵便局総数は２万４３９５（※３）で、コンビニの約半分となっている。都会における「少し歩けばコンビニがある」といったようなコンビニのイメージは、これらの数字からも間違ってはいないのである。

コンビニはフランチャイズシステムの代表格

それでは、コンビニ産業がこのように繁栄している理由は、何であろうか。その答えは、「フランチャイズ」である。現在のコンビニでは、フランチャイズシステムが導入されており、フランチャイズシステムは、本来、そこに関係する人々を幸せにする夢のようなシステムであるからである。そして、コンビニは、そのフランチャイズシステムの代表格である。

だから、コンビニ加盟店オーナーは、地獄の苦しみを味わう羽目になるとは思わず、コンビニを始めてしまったのである。現在のコンビニ加盟店オーナーの置かれている状況を理解するために、このフランチャイズシステムについて知っておこう。

ある日、愛知に住む筆者は、職場近くの大手コンビニチェーンの店舗に立ち寄った。この馴染みのコンビニ店舗には、美味しそうなお弁当にパン。今日のお弁当は何にしようかと考えながら、買い物を楽しむ。また別の日に、東京出張の際にも同じチェーンのコンビニ店舗に立ち寄った。馴染みの店舗と同じような品揃えとサービスが待っている。

愛知と東京の店舗は、同じ看板でお店を経営されているし、スタッフの制服も同じ。商品の品揃えやサービスも瓜二つだ。しかし、これらの店舗は、その大手コンビニチェーンが経営しているわけではない。しかも、それぞれ、全く別の会社が経営している。すなわち、これらの店舗のオーナーはまったく別の人である。

同じことはコンビニ以外でもある。ハンバーガーショップや牛丼などの飲食チェーンでも同じである。日本全国、同じメニューで同じ味。しかし、その店舗を経営するオーナーは全く別の人である。どうしてこのようなことが起きているのだろうか。その理由は、「フランチャイズ」である。

フランチャイズビジネスの特徴

社団法人日本フランチャイズチェーン協会は、フランチャイズを次のように定義している。(※4)

フランチャイズとは、事業者(「フランチャイザー」と呼ぶ)が、他の事業者(「フランチャイジー」と呼ぶ)との間に契約を結び、自己の商標、サービス・マーク、トレードネーム、その他の営業の象徴となる標識、及び経営のノウハウを用いて、同一のイメージの元に商品の販売その他の事業を行う権利を与え、一方、フランチャイジーは、その見返りとして一定の対価を支払い、事業に必要な資金を投下してフランチャイザーの指導および援助のもとに事業を行う両者の継続的関係をいう。

この定義で言うところの「フランチャイザー」とは、いわゆる「本部」のことである。「フランチャイジー」とは「加盟店」を指す。上記の定義は具体的にはいったい何を言っているのだろうか。分かりやすくまとめると次のようになる。

（1）加盟店が本部から与えられる権利

①本部が加盟店にチェーンの名称（例えば、セブン-イレブンならセブン-イレブンの看板など）を使う権利を与える。
②加盟店はその看板を使って商売することができる。
③加盟店は本部から商売をするための経営ノウハウを与えられる。
④加盟店は本部から経営指導と援助を受けることができる。

（2）加盟店の本部に対する義務

フランチャイズチェーンの仕組み

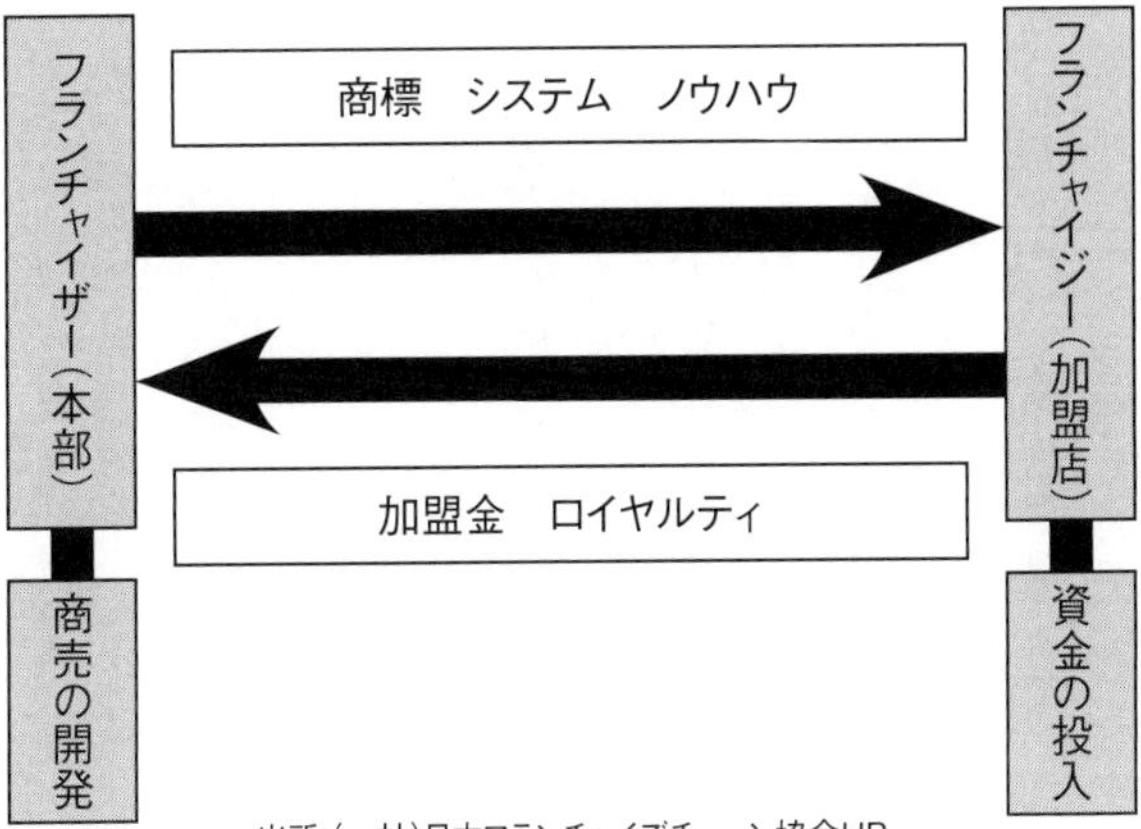

出所:（一社）日本フランチャイズチェーン協会HP

①加盟店は本部に一定の対価（ロイヤルティ）を支払う。
②加盟店は事業に必要な資金を投下する。
③加盟店は本部の経営指導に従わなければならない。

要するに、加盟店オーナーは事業に必要な資金を投下した上で、本部にロイヤルティを支払えば、本部のチェーン名を使用できるし、本部の開発した経営ノウハウを用いて店舗経営ができる。さらには、加盟店の店舗が成功するように本部から経営指導や援助を受けることもできる。けれども、加盟店は、ロイヤルティの支払いと本部の経営指導に従わなければならないということである。

簡単にいえば、加盟店オーナーは、本部の看板を借りてビジネスをすることができるが、本部の経営指導に従わなければならないということである。だから、同じチェーン店でかつ商品やサービスまでもが全く同じなのに、店舗ごとに経営者が違うということが起きているのである。

「成功を売るビジネス」としてのフランチャイズ

次に、コンビニを代表とするフランチャイズ産業が、ここまで栄えた理由を解説したい。その最大の理由は、すでに述べたフランチャイズの定義に隠されている。本部が加盟店にロイヤルティの対価として与えているものは何か。それは、看板、ノウハウ、経営指導と援助である。これらはビジネスを成功させるためには欠かせないものばかりである。すなわち、本部が加盟店へ売っているものは、他ならぬ「成功」なのだ。すでに成功したビジネスを確立した本部が、その成功を加盟店に売っているのだから、フランチャイズ産業が繁栄するのも当然である。

この点について、もう少し説明しよう。たとえば、あなたが商売をしたことがないまったくの素人であると仮定する。すぐに商売を始めることができるだろうか。仮に始めることができたとしても、その店舗を繁盛店にすることができるだろうか。ほとんどの人は〝NO〟と答えるだろう。何のノウハウもない素人がいきなり商売などできるはずはないからである。

これを可能にするシステムこそが「フランチャイズ」なのだ。加盟店オーナーが本部から与えられるものは、商売に必要なものすべてである。繁盛店の看板を使うことができ、商売のためのノウハウを手に入れることができる。しかも、成功した本部から経営指導や援助までしてもらえる。このように、フランチャイズを利用すれば、まったくの素人であっても、簡単に商売を始めることができる。だから、フランチャイズ産業は発展したのである。

フランチャイズの歴史

　フランチャイズ産業が発展した理由を、歴史からも解き明かしたい。

　アメリカにおいて、フランチャイズシステムが成長を始めたのは、１９５０年代である。当時のアメリカでは、第２次世界大戦や朝鮮戦争の復員兵たちが仕事を探して街に溢れていた。仕事を見つけるのは容易ではなく、多くの復員兵たちはなかなか定職に就くことができなかったのである。

　そのため、自分で会社を作って、ビジネスを始めるしかないと多くの復員兵たちは考えた。アメリカの国民は、もともと独立志向が強く、起業家精神に富んでいた。だから、会社を作ってビジネスを始めたいと考えるのはごく自然だったのである。

　そうはいっても、商売の世界においてはまったくの経験不足である。何から始めたら良いのかもわからず、また、失敗したら借金を抱えてしまうと不安に思っている人達はたくさんいた。

　こうした状況下で注目されたのが、フランチャイズである。ロイヤルティさえ支払えば、ビジネスを始めるために必要なノウハウ、看板などを本部から与えられる。しかも本部から与えられるノウハウや看板は、既に他の誰かが成功したビジネスである。だから、成功できる可能性は非常に高い。

このような理由から、これらビジネスを始めたいと考える人たちの不安を解消するフランチャイズシステムは、アメリカの国民から高く評価されていくことになった。大戦後の復員兵などの求職者に職を与えるだけでなく、まったくの素人であっても事業者になることができるというアメリカの国民の夢を叶えるシステムだったからである。このフランチャイズ本部の代表格であるマクドナルドは１９５５年に、ケンタッキーフライドチキンは１９５６年にフランチャイズを開始し、両者は世界的な企業へと成長していった。

日本においても不二家とダスキンが１９６３年にフランチャイズを始めると、フランチャイズシステムは独立の事業者になるという夢を叶えるシステムとして急速に発展をし、今日の隆盛へとつながっている。

日本における発展と隆盛

次に、日本のフランチャイズ産業の現状について見てみよう。1983年のフランチャイズチェーン総数は512、店舗数は6万7518店舗、売上高は3兆4435億3900万円であった。それが、2018年度には、1328チェーン、店舗数は26万4556店舗、売上高は26兆2117億9600万円となっている（※5）。売上高で見ると、この35年で約7・6倍に拡大している。

この売上高に注目してみよう。日本の2020年度の国家予算一般会計は約102兆6580億円である。フランチャイズ産業の売上高は、日本の国家予算の約4分の1の額に相当する。これらの数字と比べると、日本のフランチャイズ産業の規模の大きさがわかるであろう。

そして、この日本のフランチャイズ産業の売上高の第1位、その約43％をになっているのがコンビニである。

本部と加盟店の共存共栄

フランチャイズ産業が繁栄している理由は、もう一つある。それは、本部と加盟店の共存共栄のシステムであるということである。

フランチャイズシステムにおいて、本部の収入は何かといえば、加盟店から得るロイヤルティである。ロイヤルティの算出方法はチェーンごとに異なるが、加盟店店舗が繁盛し長く営業を続けてくれないと本部はロイヤルティ収入を得られないという仕組みである。したがって、加盟店の成功が本部にとっての最重要事項である。

逆にいえば、フランチャイズシステムでは、加盟店が失敗すれば、本部は儲からないことになる。本部は、ロイヤルティ収入を得られなくなるからである。だから、本部が儲けようと思えば、本部は必死に加盟店が成功するように援助をするしかない。そして、この本部の援助によって加盟店は繁盛するようになる。加盟店が繁盛すればするほど、さらに本部のロイヤルティ収入は増えていくことになる。

このようにフランチャイズシステムでは、本部が利益を得ようとする場合、加盟店と協力し合うしかないのである。自分が利益を得るために、相手を打ち負かして利益を奪うというシステムではない。自分が利益を得ようとするならば、相手に成功をしてもらって、共に栄えるしか方法はないのである。だから、お互いが成功という共通の目的に向かって協力しあえるのである。

この共存共栄のシステム、すなわち、どちらかが勝って他方が負けるというシステムではなく、共に勝って幸せになるというシステムになっているが故に、フランチャイズシステムは多くの人に受け入れられて、ここまで発展したのである。

皆が幸せになる夢のシステムのはずだった

さらに、加盟店の店舗が繁盛することのメリットは、本部のロイヤルティ収入が増えることだけに留まらない。経済までも活性化し、フランチャイズを取り巻く人々を幸せにしていくのである。

加盟店の店舗が繁盛すれば、加盟店希望者は増える。そうすると本部は、さらにフランチャイズ店舗を増やすことができ、ますます収入は増える。そして、その店舗で働く従業員が多数必要になってくれば、雇用が創出され、失業者は減っていく。そして、消費者としても、良いお店が周りにたくさん増えれば、消費は増えるし、買い物が便利になって、生活が快適になっていく。

このように、フランチャイズシステムは経済を活性化させ、それを取り巻く人々を幸せにするのである。このような夢みたいなシステムがフランチャイズシステムである。だから、フランチャイズ産業は、成長し続けているのである。

そして現在、このフランチャイズビジネスは小売業、外食産業、サービス業など多くの業種で採用されている。

しかし、本部と加盟店の共存共栄という夢のシステムだったフランチャイズシステムの代表格のコンビニに異変が起きている。「休みは週1日未満。週70時間働いて、年収は約300万円」「毎日1万円以上の食品を捨てることを強要される」「繁盛店になったと思ったら同一チェーン店が次々と出店してくる」などのことは、現在のコンビニで実際に起きていることなのである。一体なぜ、こんなことになっているのであろうか。

（※１） 東京都財務局「２０１９年度予算案の概要」<https://www.metro.tokyo.lg.jp/tosei/hodohappyo/press/2019/01/25/documents/01_01.pdf> accessed on 2020.5.5.

（※２） 警察庁「都道府県別交通信号機等ストック数」<https://www.npa.go.jp/bureau/traffic/seibi2/annzen-shisetu/hyoushiki-shingouki/pdf/H30kazu.pdf> accessed on 2020.5.5.

（※３）総務省「平成30年度版情報通信白書」第２部第４節１郵便事業２８０頁

（※４）社団法人　日本フランチャイズチェーン協会『フランチャイズハンドブック』19頁（２００３年、商業界）

（※５） 日本フランチャイズチェーン協会の統計調査を参照。<https://www.jfa-fc.or.jp/particle/29.html>accessed on 2020.5.5.

第2章 コンビニ加盟店オーナーが奴隷化する理由

セブン-イレブン東大阪南上小阪店で起きたこと

「休みは週1日未満。週70時間働いて、年収は生活に困窮するレベル」
「毎日1万円以上の食品を捨てることを強要される」
「繁盛店になったと思ったら同一チェーン店が次々と出店してくる」
――これらは、どれも実際にコンビニで起きていることである。どうしてこんなことになっているのだろうか。

これから紹介するのは、セブン-イレブン東大阪南上小阪店オーナーの松本実敏さんが実際に経験したことである。

松本さんは、2019年2月に、人手不足を理由に24時間営業の見直しをセブン-イレブン本部に求め、深夜午前1時から午前6時まで営業を取りやめる時短営業を強行した。

これに対し、24時間営業が契約の条件であるとして、本部は松本さんに違約金1700万円を求めた。世論の多くは、2018年5月に妻を亡くし人手不足に陥った松本さんに同情を寄せ、違約金を盾に深夜営業を強制する本部を批判した。その結果、本部は、松本さんの店舗の時短営業を認めたという事例である。

この件をきっかけに、2019年はコンビニに関するニュースが、テレビや新聞等で多数報道されることになった。

ところで、その後の松本さんはどうなったであろうか。こちらはあまり知られていないだろう。

松本さんは、2019年8月に、同年9月からの日曜日定休を本部に宣言する。しかし、この日曜日定休は、松本さんが本部の幹部と面談した後、撤回されることになる。日曜定休を諦めた松本さんであったが、本部に対する抵抗を続け、2019年10月に松本さんは、2020年元旦休業を本部に宣言した。

これに業を煮やした本部は、2019年12月、松本さんとの契約の解除を強行した。

解除の理由は

①クレームの件数および内容が常軌を逸していること（7年7カ月の間に本部へ336件の松本さんの店舗に関するクレームがあった。ちなみに、クレームの件数は、9割

の店舗が1年で10件未満。一方、松本さんの店舗は２０１９年は10月まで10カ月の間に78件もあり、他の店舗と比べて見ると多い）

②ＳＮＳにおける本部や役員への侮辱や誹謗中傷

この2点である。この契約の解除については、２０２０年8月現在、裁判所にて係争中である。

コンビニ問題が世に広まるきっかけを作った松本さんではあるが、この松本さんの一連の行動に対して「契約をしておきながら、それに反する行動をするのはおかしい」といったような批判があるのは確かである。

しかし、松本さんが苦しい状況に置かれていたこと、そして、松本さんが自身の、そしてコンビニ加盟店オーナー達の苦境を世論に訴え続けてきたことは間違いない。それでは、松本さんが訴え続けたコンビニ加盟店オーナー達の苦境とは、どのようなものがあるのだろうか。

コンビニ加盟店オーナー達の苦境

２０１８年に経済産業省（以下、経産省とする）が行った「コンビニエンスストア加盟者の取組事例調査」において、コンビニ加盟店オーナー達が置かれている苦しい実態を垣間見ることができる。以下、主な項目を見ていこう。

（１）従業員不足の実態

この調査の「従業員の現在の状況はいかがですか？」という問いに対して、「従業員が不足している」と答えた加盟店が61％、「従業員は足りているが何かあれば運営に支障が出ると思う」と答えた加盟店が34％である。

前回の２０１４年度の調査では「不足しており、従業員を補充する目途なし」または「不足しているが、従業員を補充する目途あり」と答えた加盟店を双方足すと22％であった。「ぎりぎりの状態であり、何かあれば確実に運営に支障」または「ある程度足りているが、何かあれば運営に支障の可能性」と答えた加盟店の双方を足すと70％であっ

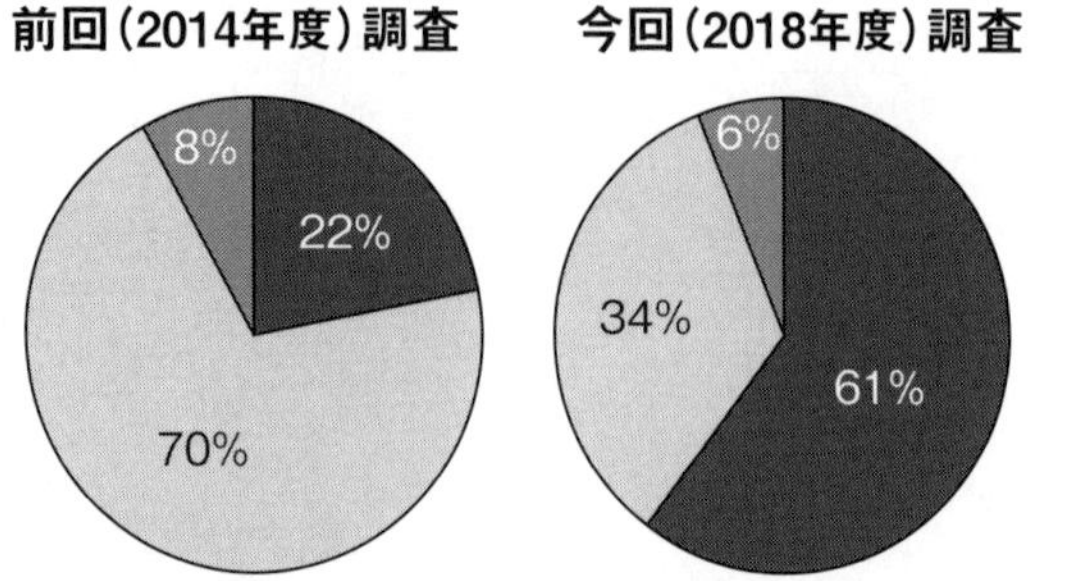

■「不足しており、従業員を補充する目途なし」＋「不足しているが、従業員を補充する目途あり」
□「ぎりぎりの状態であり、何かあれば確実に運営に支障」＋「ある程度足りているが、何かあれば運営に支障の可能性」
■ 十分に足りており、何かあっても運営に支障なし

■ 従業員が不足している
□ 従業員は足りているが何かあれば運営に支障がでると思う
■ 従業員は十分に足りており、（スタッフの退職等）何かあっても対応できる

出所：2018年経済産業省「コンビニエンスストア加盟者の取組事例調査」

た。要するに、この調査によって、2014年の時点では、人手不足に対して何とか持ち堪えていた加盟店が多かったものの、2018年には人手不足が深刻な状態になっている加盟店が増えていることが明らかになったといえる。2018年には人手不足あるいはぎりぎりの状態である加盟店の双方を足すと95％にもなっているのである。

（2）「加盟したことに対する不満」が2倍に急上昇

「あなたは加盟したことに満足していますか？」という問いに対しては、2018年度に「満足していない」と答えた加盟店が

コンビニ大手3社の加盟状況(2016〜2018年)

	セブン-イレブン			ファミリーマート			ローソン		
	新規営業	中途解約	不更新	新規営業	中途解約	再契約無し	新規営業	中途解約	不更新
2016年度	1226	341	47	2343	775	510	774	316	132
2017年度	1091	314	62	3751	735	237	1214	280	111
2018年度	1030	420	58	1889	1006	115	1126	364	125

出所:日本フランチャイズチェーン協会開示資料をもとに筆者作成
※ファミリーマートは旧ファミリマート本部と旧サークルK本部の合計値。
※セブン-イレブンは2018年度に契約解除された店舗が3店舗。ファミリーマートは2017年度に契約解除された店舗が4店舗、2018年度は2店舗になる。
※ファミリーマートは契約の更新ではなく再契約である。

39%に上っている。2014年度に17%だったことから、実に2倍以上に膨れ上がっていることになる。

(3)コンビニ加盟店と本部の状況

これらの加盟店の苦境を裏付ける別の資料もある。2019年に経産省の「新たなコンビニのあり方検討会」が行ったコンビニ加盟店オーナーヒアリングでは、「人手不足」「長時間労働」「収入の減少」などコンビニ加盟店オーナーのほぼ全てが苦しい状況を訴えている(※1)。

実際、これに耐えきれず、閉店(廃業)を選ぶ加盟店オーナーも少なくない。日本

コンビニ主要3社の売上高と店舗数(2016〜2018年)

	セブン-イレブン		ファミリーマート		ローソン	
	売上高	店舗数	売上高	店舗数	売上高	店舗数
2016年度	45156	19422	30093	17001	20275	12288
2017年度	46780	20260	30160	16313	21105	13145
2018年度	48988	20870	29829	15513	22361	13797

出所:日本フランチャイズチェーン協会開示書面より筆者作成
※売上高の単位は億円。1億円未満は省略。
※すべて加盟店と直営店の数字を合算。
※2016年度以降のファミリーマートはファミリーマート店、サークルK店、サンクス店を合計した数値。
※ローソンは、ローソン、ナチュラルローソン、ローソンストア100を含む。

フランチャイズチェーン協会によれば、セブン-イレブンの場合、2016年度の新規営業店加盟店店舗数は1226店舗であるのに対し、中途解約341店舗、更新されなかった加盟者の店舗数は15年更新と30年更新を合わせて47店舗である(※2)。

2017年度の新規営業店加盟店店舗数は1091店舗であるのに対し、中途解約314店舗、更新されなかった加盟者の店舗数は15年更新と30年更新を合わせて62店舗である。

2018年度の新規営業店加盟店店舗数は1030店舗であるのに対し、中途解約420店舗、更新されなかった加盟者の店舗数は15年更新と30年更新を合わせて58店舗である。なお、２０１８年度は契約解除された店舗が3店舗ある。

一方で、本部は、売上高と店舗数は堅調である。表の通り、ファミリーマートはサークルKサンクスとの経営統合で店舗の整理統合が行われたため、若干の減少が見られるが、セブン-イレブンとローソンは順調に成長を続けている。

たとえば、セブン-イレブン・ジャパンの場合、２０１８年度の売上高は4兆８９８８億円、営業総収入８７３５億５５００万円、営業利益２４５０億８８００万円にもなっている。

本来、コンビニ本部と加盟店は共存共栄の関係であったはずである。しかし、現実は、本部は栄え、加盟店は苦しんでいる。どうしてこのようなことになっているのか。

次から、コンビニで起きている問題について具体的に見ていこう。

問題1：24時間営業の強制による加盟店オーナーの過重労働

本章の最初に述べたセブン-イレブン東大阪南上小阪店オーナーの松本実敏さんは年中無休24時間営業の見直しを求めていた。これは松本さんだけの問題ではない。年中無休24時間営業は、コンビニ加盟店オーナーや親族の過重労働の原因となっており、休業日や時短営業（深夜閉店）を求めるコンビニ加盟店オーナーとその家族は多い。

それでは、なぜ年中無休24時間営業を加盟店はせねばならないのであろうか。それは、本部と加盟店が結んだ契約（コンビニフランチャイズ契約）に答えがある。コンビニフランチャイズ契約では、加盟店は原則として年中無休で24時間営業をすることが義務付けられているからである。

セブン-イレブンの契約書を見てみると、その第24条（無休営業および時間）において「加盟店はセブン-イレブン店の経営について、本部の指導、助言に従い、情報を活用し、販売促進に努め、店舗、設備、在庫品の管理を適切に行い、消費者の期待に応えるため、この契約の定めるところにより、全期間を通じ、年中無休で、連日少なくとも午前7時から午後11時まで、開店し、営業を行うものとする」となっており「加盟店は、今日の実情に合わせ、加盟店契約の全期間を通じ、年中無休で連日24時間開店し、営業を実施するものとし、セブン-イレブン本部の承諾を受けて文書による特別の合意をしない限り、24時間未満の開店営業は認められないものとする」と規定されている（※3）。

すなわち、加盟店は原則的に年中無休24時間営業をせねばならず、本部と特別の合意がなければ、時短営業は認められないということである。実際、本部が時短営業を認めるのは、休館日があったり、24時間営業をしていないショッピングモール内の店舗のように、年中無休24時間営業をすることが不可能な場合だけである。だから、セブン-イレブンの場合、加盟店の年中無休24時間営業は、事実上、強制されているのと同じである。セブン-イレブンと同様に、ファミリーマートとローソンも年中無休24時間営業を原則としている。

このように加盟店が本部と結んだ契約では、加盟店は年中無休で24時間営業をすることが義務付けられている。したがって、加盟店がこのような内容の契約を締結した以上、それに拘束されるのは当然であるというわけである。しかし同時に、この契約によって、コンビニ加盟店オーナーとその親族は過重労働で苦しむことになっている。

左の表は、ファミリーマート事件（東京都労委決平27年3月17日）においてファミリーマート加盟店ユニオンが東京都労働委員会に提出した証拠である（この事件の詳細は第4章を参照）。

この証拠が提出された事件では、ファミリーマート加盟店ユニオンとの団体交渉を拒否した本部の行為が不当労働行為になるかどうかが争われたが、その際、ファミリマート加盟店ユニオンは、加盟店オーナーやその親族、従業員の労働時間をまとめていた（※4）。この資料によると、加盟店オーナーの1週間あたりの労働時間は少ない者で40時間、多い者は128時間である。平均すると約68・3時間である。

労働基準法32条は1週間の労働時間を40時間と定めている。週に5日出社するとして、1日あたりの労働時間は8時間である。資料上ではこれが守られているファミリマート加盟店オーナーは15名中たった2名である。

また、過労死ラインは月80時間の残業である。月に20日出社するとして、1日あたりの残業時間は4時間、要するに週の労働時間が60時間以上となると過労死ラインを超えていることになる。ところが、資料によれば15名中8名の加盟店オーナーが過労死ラインを超える労働をしていることになる。この調査からは各店舗の親族労働者の数までは示されていないが、多くの店舗においてファミリーマート加盟店オーナーの親族も長時間労働をしていることはおわかりいただけるだろう。

それでは、なぜこのような過重労働が行われているのだろうか。それは、コンビニフランチャイズ契約において、人件費は加盟店負担だからである。したがって、人件費を削れば、コンビニ加盟店オーナーは収入を増やすことができるためである。

加盟店従業員の労働時間の一例

加盟者	従業員数	オーナー労働/週	オーナー親族労働/週	スタッフ雇用時間/週
A	15	76	0	137
B	15	50	84	340
C	3	50	44	111
D	3	44	50	111
E	11	95	18	260
F	8	85	91	62
G	16	60	40	136
H	12	-	114	215
2店舗	7	128	-	162
I	19	56	56	308
J	30	40	35	399
K	10	-	88	165
2店舗	6	90	-	124
L	10	40	20	280
M	8	90	3	196
N	11	70	40	223
O	11	50	45	294

出所:ファミリーマート事件(東京都労委決平 27年3月17日)においてファミリマート加盟店ユニオンが提出した証拠をもとに作成

だからといって、過労死ラインを超えるような働き方をしているのは、異常である。それでもこのような働き方をしているのは、コンビニ加盟店オーナーが生活に十分に必要な収入を得ることができず、収入を少しでも増やそうと思えば、人件費を極度に抑えて利益を捻出することしか方法がないためである。コンビニ加盟店オーナー達はアルバイトや従業員を雇う余裕すらなく、コンビニ加盟店オーナーやその家族が限界まで働くことでしか、利益を出せないのである。

そして、このコンビニ加盟店オーナー達が十分な収入を得られないということは、人員に満足のいく投資ができないことを意味する。これは人を雇えないということではない。アルバイトや従業員の賃金を抑えなければならないということである。当たり前ではあるが、アルバイトやパートを考えている高校生や大学生、主婦達は時給の良いところを探す。最低賃金に近い時給しか出せないコンビニアルバイトには目もくれない。だから、コンビニ加盟店は極度な人手不足に陥っているのである。

利益が出せないから自ら働くしかなく、アルバイトにも最低賃金に近い時給しか出せない。最低賃金に近い時給しか出せないからアルバイトやパートが集まらない。アルバイトやパートが集まらないから、人手不足に陥り、コンビニ加盟店オーナーの労働時間はどんどん増えていく。コンビニ加盟店オーナー達はこのような悪循環に陥って、過労死ラインを超えるような働き方をせざるを得ない状況になっているのである。

そして、さらに追い討ちをかける事実がある。それは最低賃金の上昇だ。47ページの表は厚生労働省の発表による最低賃金の推移を示したものである。2000年の東京都の最低賃金は703円であった。これが2019年には1013円へと、310円も上昇しているのである。

深夜時間帯は、さらに深刻である。使用者は労働者に対して、午後10時から午前5時までの深夜時間帯は25%増の賃金を払わなければならない。すなわち、東京都において、コンビニ加盟店オーナーが、2019年の深夜時間帯に1名をアルバイトで雇うとなると時給は1267円以上となる。年中無休24時間営業のコンビニの場合、最低賃金でアルバイトを雇ったとしても、深夜アルバイトの人件費は、年間323万7185円となり、かなりの額となる。

この人件費を節約するためには、加盟店オーナー（またはその親族）が深夜労働をするしかない。仮にコンビニ加盟店オーナーが深夜時間帯のすべてのシフトに入るとするとこれだけで週49時間労働となってしまう。このように人件費の高騰は、コンビニ加盟店オーナーの労働時間をさらに増やす要因となっている。

もっとも現在では、大手コンビニ本部は時短営業を認める方向に動いている。たしかに、24時間営業を行わないならロイヤルティの減額などの軽減措置は受けられないなど、加盟店が24時間営業を簡単に止めることは難しい内容ではある。しかし、時短営業を原則容認する、すなわち、加盟店の判断で営業時間を決められる方向へと動いていることは歓迎すべきことだ。この動きによりコンビニ加盟店オーナーの過重労働が軽減されることによって、コンビニが持続可能なものとなることを願うばかりである。

問題2：高額なロイヤルティ

コンビニ加盟店オーナーを苦境に立たせる二つ目の原因は、高額なロイヤルティによって、コンビニ本部と加盟店の利益配分がアンバランスになっているということである。

東京都の最低賃金の推移

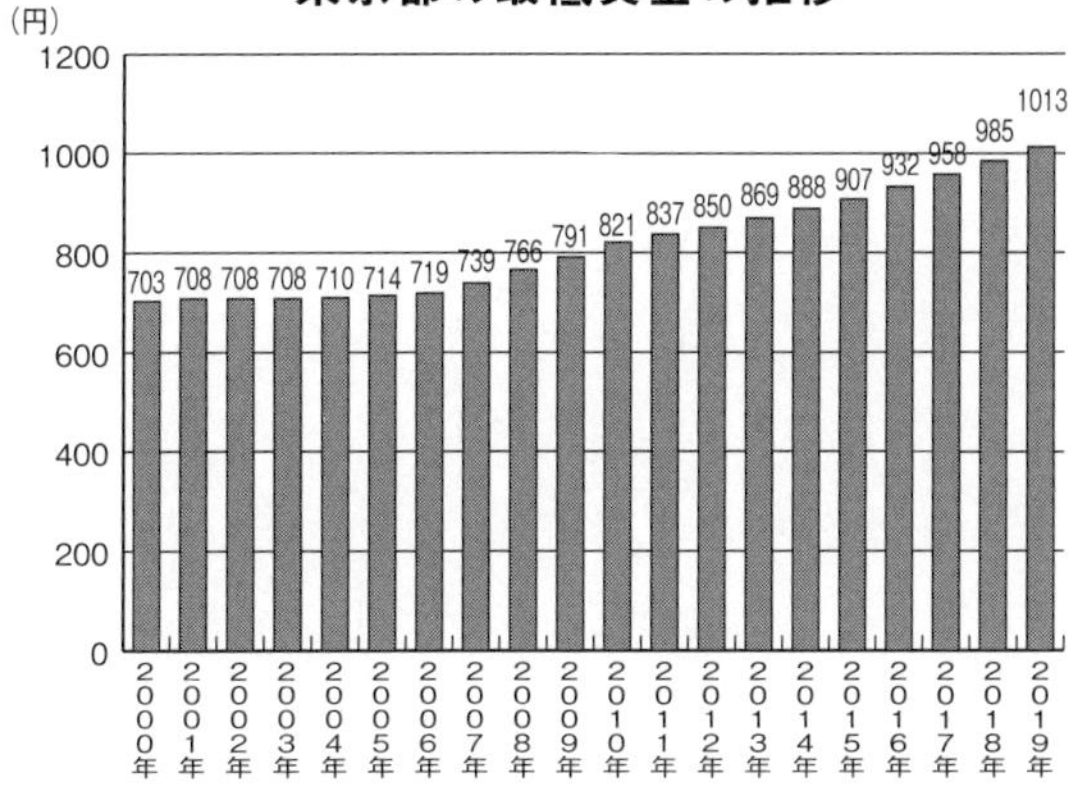

出所:厚生労働省発表の資料をもとに筆者作成

コンビニの各店舗は他の業種の店舗が羨むほどの売上を出しているにもかかわらず、高いロイヤルティを支払った結果、コンビニ加盟店オーナーの手元にはわずかなお金しか残らないという実態がある。

コンビニ１店舗あたりの１日の売上はいくらなのかご存知だろうか。２０１９年度の各社決算資料をもとに算出すると１日平均日販はセブン‐イレブンが約65万６０００円、ファミリーマートが約52万８０００円、ローソンが約53万５０００円である。

日本フランチャイズチェーン協会の開示書面から算出すると、２０１８年度のマクドナルド(直営店)の平均日販は約57万７００

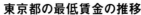

00円である。コンビニは、マクドナルドと比べても、毎日の売上に遜色がない。同じ資料から算出すると、CoCo壱番屋の平均日販が約18万4000円、サーティワンアイスクリームの平均日販は10万9000円である。これらの外食産業と比べると、コンビニはかなり儲かっていそうなイメージである。

しかし、これだけの売上を出しておきながら、実際にはコンビニ加盟店オーナーの生活は厳しい。その理由の一つが、高額なロイヤルティだ。

左ページの表の通り、各フランチャイズチェーンのロイヤルティの率は、チェーンごとに異なる。とはいえ、コンビニのロイヤルティ率の高さが突出している。

コンビニ大手各社の場合、加盟店は特殊な計算方式（＝コンビニ会計。後述）で算出した粗利の45％から76％ものロイヤルティを支払わなければならない。

具体的にこれが1日あたりいくらになるかというと、セブン-イレブンの日販67万円の店舗でロイヤルティ11万7000円、ファミリーマートの日販54万円店でロイヤルティ7万6000円、ローソンの日販50万円店で6万9000円である（※5）。

一方、CoCo壱番屋の場合、ロイヤルティはゼロである。同チェーンの加盟店はカ

主な大手チェーンのロイヤルティ

セブン-イレブン(Cタイプ)ロイヤルティ

1ヶ月の売上総利益に対して	ロイヤルティ
0円〜250万円の部分	56%
250万1円〜400万円の部分	66%
400万1円〜550万円の部分	71%
550万1円〜	76%

ファミリーマート2FC-Nタイプロイヤルティ

1ヶ月の総営業利益	開店〜5年目ロイヤルティ	6年目以降ロイヤルティ
0円〜300万円の部分	59%	57%
300万1円〜550万円の部分	63%	60%
550万円1円〜	69%	66%

ローソンCnタイプロイヤルティ

年間確定総粗利益高	四半期確定総粗利益高	月間概算総粗利益高	ロイヤルティ
1円〜3600万円の部分	1円〜900万円の部分	1円〜300万円の部分	45%
3600万1円〜5400万円の部分	900万1円〜1350万円の部分	300万1円〜450万円の部分	70%
5400万1円〜	1350万1円〜	450万円1円〜	60%

※四半期の精算においては、本部の行う棚卸の結果にもとづき四半期ローソンチャージ(ロイヤルティ)を計算し、既に決済された月間のローソン・チャージの累計との差額を精算する。

CoCo壱番屋

ロイヤルティなし

※他に販売促進管理費が、店舗の当月売上高(消費税抜き)に別途定める率を乗じた金額を払わなければならない。

サーティワンアイスクリーム

ロイヤルティ	広告宣伝分担金
小売売上高の5%	小売売上高の3%

レーソースなどの使用材料を本部か本部指定の業者から仕入れる規定があり、本部は使用材料の原価にマージンをのせて加盟店に販売することで利益を得ているのだ。

また、サーティワンアイスクリームの場合はロイヤルティ算出の基礎は粗利ではなく小売売上高であるが、ロイヤルティと広告宣伝分担金を合わせても8%である（※6）。同チェーンの平均日販は10万9000円で、これをもとに計算すると加盟店が本部に支払うロイヤルティと広告宣伝分担金額の平均は1日8720円となる。このことからも、コンビニのロイヤルティの額の高さがおわかりいただけるであろう。

問題3：コンビニ会計

コンビニのロイヤルティの問題は高すぎることだけではない。というのも、コンビニは「コンビニ会計」と呼ばれる特殊な会計方式を用いてロイヤルティを算出しているのだ。

この会計方式は、コンビニ問題を国会で追及し続けていた辰巳孝太郎前参議院議員が著書等で書かれた例が非常に分かりやすいので、これに依拠して解説する（※7）。

原価70円のおにぎりを10個仕入れて1個100円で8個売れたとする。加盟店が本部に支払うロイヤルティは粗利の60％とすると、次のようになる。

①一般会計の場合

一般会計の場合、廃棄したおにぎり2個の費用を当然に原価に含ませる。したがって、次のような計算式となる。

売上：100円×8個＝800円
原価：70円×10個＝700円
粗利：800円－700円＝100円
ロイヤルティ：60円
加盟店の収益：40円

この一般会計に従えば、本部も加盟店も黒字となる。しかし、同じ例でも、コンビニ会計に従うと加盟店は大赤字になるという事態になる。

②コンビニ会計の場合

コンビニ会計には、〝弁当の廃棄分は原価に含ませない〟という特徴がある。すなわち、廃棄ロス（廃棄による損失）は加盟店が負担しなければならないという計算方式である。したがって、次のような計算式となる。

売上：100円×8個＝800円
原価70円×10個－70円×2個＝560円
コンビニ会計による粗利：800円－560円＝240円
ロイヤルティ：144円
加盟店の収益：96円－70円×2個＝マイナス44円

コンビニ会計に従うと、本部のロイヤルティ収入は144円となる。一方で加盟店は一般会計の場合では40円の黒字だったが、コンビニ会計に従うとマイナス44円となってしまう。

ここがコンビニ会計の特徴でもあり、恐ろしいところである。すでに述べた通り、コンビニ会計は、売れていない商品の原価を粗利に含ませず計算をし、廃棄ロスを加盟店に負担させている。これが意味するところは、本部は廃棄ロスを負担しないということだけではなく、商品が一つでも売れれば、利益が膨らむということである。

本部の方は、廃棄は怖くないし、少しでも売れたら利益となる。そうなると、本部は加盟店で発生する売れ残りを気にせず、少しでも多くの商品が売れるように、加盟店に商品の発注を大量にするように求めるようになる。

たとえ10個商品を仕入れて1個しか売れなかったとしても、本部は痛くもかゆくもなく、1個売れたためにロイヤルティ収入を得られる。一方で、9個の廃棄ロスを抱えることになった加盟店は大損になる。

このコンビニ会計のために、本部は自らの利益を優先し、売れ残るほどの商品の発注を加盟店に求めるようになる一方で、加盟店は廃棄ロスに苦しむことになってしまっている。コンビニ会計は、本部と加盟店の利害が一致しないという問題を引き起こしているのである。加盟店が儲かるから本部も儲かるという共存共栄の理念に反しているのだ。

このコンビニ会計の恐ろしさを、もう一つ具体例を用いて解説したい。原価70円のおにぎりを6個仕入れて1個100円で6個完売したとする(ロイヤルティは同じく60%)。

③おにぎりを6個仕入れて完売した場合
売上:100個×6個=600円
原価:70円×6個=420円
粗利:600円−420円=180円
ロイヤルティ:108円
加盟店の収益:72円

先ほどの②おにぎりを10個仕入れて2個売れ残った場合と比べてほしい。6個のおにぎりを完売した場合の本部のロイヤルティ収入は108円、おにぎりを10個仕入れて2

個売れ残った場合のロイヤルティ収入は144円である。

先ほど述べた通り、これが意味することは、本部は、どれだけ売れ残りが出ようが、少しでも多く売れた方が儲かるというシステムになっていることを意味する。このため、本部は「廃棄ロスが出ないように売り切る」ことを考えなくなり、「少しでも多く売る」ということ〝だけ〟を考えてしまうようになるのである。

一方で加盟店は、6個おにぎりを仕入れて完売する方が、10個おにぎりを仕入れて8個売れる（すなわち、2個廃棄する）より儲かる。加盟店は6個のおにぎりを完売した場合の収益は72円であるが、10個おにぎりを仕入れて8個売れる（すなわち、2個廃棄する）場合の収益はマイナス44円である。加盟店は売れ残りを出さずに売り切った方が儲かるから、8個のおにぎりを売るために2個売れ残りを出すよりも、6個のおにぎりを完売したいのである。

こうした本部と加盟店の利害の不一致が、加盟店と本部の間に軋轢を生じさせてしまっている。

結局、力の強い本部は、完売を求める加盟店の願いを無視して、大量発注をするように加盟店に仕向けるようになる。この結果、加盟店は廃棄ロスに苦しみ、本部に対して不満を持つようになる。

そして、この独特の会計方法はさらに重大な問題を引き起こしている。それは、本部が加盟店に大量発注をするように仕向けた結果、食品の売れ残りが大量に発生している。このため、膨大な食品ロスを生んでいるのである。これが本書の冒頭で述べた「毎日、1万円以上の食品を捨てるように求められる」の意味である。本部が廃棄ロスを負担していないコンビニ会計があるがゆえに起きてしまっていることである。

もっとも、廃棄を出す方が儲かるというロイヤルティ算出方式に批判が多かったため、コンビニ各社は廃棄ロス助成金制度を設けている。セブン-イレブンの場合、廃棄ロスの15％を本部が負担するという方式である。原価70円のおにぎりを10個仕入れて1個100円で8個売れたとするという事例で、このセブン-イレブンの計算方式に従うと、本部の収益は123円、加盟店の収益はマイナス23円という結果になる。廃棄ロス助成金制度によって、本部の収益は廃棄の15％分だけ減るが、加盟店は赤字のままである。廃棄ロス助成金制度があっても、廃棄が加盟店にとっての痛手になっていることは変わらないのである。

「コンビニ会計」が用いられている理由

もっとも、コンビニ会計が用いられている、すなわち、廃棄ロスのほとんどを加盟店が負担するという会計方式となっていることについては、本部にも言い分がある。その本部の言い分とは、商品発注の権限が加盟店にあるということである。

本部は「フランチャイズビジネスにおける明確な役割分担に基づき、発注する商品・数量の決定権は加盟店にあるため、その営業活動で発生する廃棄ロスは、加盟店の負担となっている」と説明している。つまり、商品発注の権限は加盟店にあり、加盟店は自らの判断で商品を発注している。だから、加盟店が発注した商品が売れなくても、本部の責任ではない。その責任は加盟店が負うべきである。従って、発注に失敗した加盟店が廃棄ロスを負担するのは当然であるというのが本部の主張である。

たしかに本部の言う通り、商品発注の権限は加盟店にある。しかし、廃棄を負担することなく、ひとつでも商品が売れれば利益となる本部が、加盟店の望む通りの発注をさせるであろうか。これはまずあり得ない。本部は自らが有利となるように加盟店に対して、あの手この手で大量の発注をするように仕向けるようになる。

事実として、この状態が続いているがゆえに本部社員による無断発注を引き起こしている。さらに、コンビニ会計は、本部社員による無断発注事件だけにとどまらず、本部による24時間営業の強制と見切り販売（値引き販売）の制限という問題までも引き起こしている。

本部社員による無断発注問題

2019年11月、セブン-イレブンで加盟店店舗の指導を担当する本部社員が、加盟店オーナー不在時を狙って商品を無断発注する事件が起きた。2020年1月にはファミリーマートでも同様の事件が起きている。

すでに述べた通り、発注の権限は加盟店にあるため、これは契約違反となる行為であり、場合によっては窃盗に当たり刑事責任が問われかねない行為である。それなのに、本部社員はこのようなことに手を染めた。

これらの事件の背景には、本部社員に対する厳しいノルマがあるのではないかと言われている。しかし、仮にノルマがあったとしても、廃棄ロスの多くを本部が負担あるいは全額負担していた場合、このようなことが行われるだろうか。通常では考えられない。

この事件こそ、廃棄ロスのほとんどを加盟店が負担しているコンビニ会計に原因があると考えるのが自然だろう。売れ残りを本部が恐れていないから、加盟店の意向を無視した発注を本部社員がしてしまったのである。

24時間営業の強制

先ほど述べた通り、深夜時間帯（午後10時から午前5時）は25％の割増賃金となるため、人件費がかかる。これは、コンビニ加盟店オーナーの過重労働を生んでいる要因である。

それにもかかわらず、本部が加盟店に24時間営業を求める理由の一つが、コンビニ会計である。すでに述べた通り、コンビニ会計によれば、商品が一つでも売れれば、本部はロイヤルティ収入を得ることができる。少なくとも、廃棄ロス助成金以上のロイヤルティ収入を得られれば、本部は黒字である。一方で加盟店は、売上が少なく利益が出ないにもかかわらず、24時間営業を強制され、廃棄ロスや人件費負担が重くのしかかっている。

東京都の最低賃金でアルバイトを1名雇ったとすると1日あたりの深夜時間帯の人件費は、8864円である。加盟店がこの人件費分の収益を得ようとすると大雑把な計算で、約7万4000円の売上がなければならない（粗利が30％、本部へのロイヤルティ60％として計算）。

夜も活気のある大都会の街ならともかく、都市部以外、あるいは住宅地でこれだけの売上を出すことは厳しいであろう。7万4000円の売上が出なければ、加盟店は赤字なのだが、仮に4万円の売上だった場合、どうなるであろうか。加盟店の経費を人件費負担だけとして計算してみると、加盟店は4064円の赤字、本部は7200円のロイヤルティ収入となる。

要するに、人件費は加盟店負担、廃棄ロスもその多くが加盟店負担となっている一方で、本部は、このコンビニ会計により、商品が少しでも売れれば、ロイヤルティ収入を得られることになっている。だから、加盟店が赤字となっていようが、商品が売れる可能性があるために、本部は、加盟店が深夜営業してくれた方が好都合なのである。

もっとも、２０１９年になってコンビニ本部は時短営業を容認する方向に進み出しているが、長い間、本部が24時間営業を加盟店に強制していたのは、このコンビニ会計が原因である。

見切り販売の制限

すでに述べたとおり、加盟店は廃棄ロスに苦しんでいる。しかし、コンビニ会計にしたがっても、加盟店が利益を得る方法がある。それは「見切り販売」である。

見切り販売とは、よく閉店間際のスーパーなどで行われている値下げ販売のことである。食品などの商品が売れ残って廃棄するよりは、利益が少なくなっても値下げして販売することがスーパーなどでは行われている。この値下げ販売のことを見切り販売という。

コンビニ会計では、加盟店がこの見切り販売をすれば、加盟店の利益は増えるが、本部の利益は減ってしまうという結果になる。このため、本部は、長い間、加盟店が見切り販売をすることを妨げてきたのである。

この見切り販売についても再び辰巳孝太郎前参議院議員の説明に依拠して、解説をしていく。例として、先ほどのおにぎりの例を用いる。原価70円のおにぎりを10個仕入れて1個100円で8個売り、売れ残って廃棄するはずだった2個を50％値下げして売り切るとどうなるであろうか。

売上：100個×8個＋50円×2個＝900円
原価：70円×10個＝700円
粗利：900円－700円＝200円

ロイヤルティ：１２０円
加盟店の収益：80円

　このように、見切り販売をして売り切れば、加盟店の収益は劇的に改善する。２個売れ残り廃棄していた場合における加盟店の収益はマイナス44円（44円の赤字）であった。しかし、加盟店が見切り販売をすることにより、加盟店の収益は80円の黒字となる。見切り販売をすれば、加盟店は黒字に変わる可能性が高まるのである。

　一方で、本部からすると、２個廃棄した場合における本部のロイヤルティ収入は１４4円だったのだが、加盟店が見切り販売をした場合の本部のロイヤルティ収入は１２０円である。このように見切り販売を加盟店がすれば、本部の収入は減ってしまう結果となる。このため、本部は、長い間、加盟店に見切り販売をさせないように圧力をかけてきたのである。

　では、このような行為を続ける本部を日本の法律は許すであろうか。最終的に、この本部の行為は、公正取引委員会（以下、公取委とする）によって、独占禁止法（以下、独禁法とする）に違反する行為と判断されている。

２００９年6月に公取委は、セブン-イレブンに対して排除措置命令を出した（※8）。加盟店が消費期限の迫った弁当やおにぎりを値引きして売り切る「見切り販売」を制限したことが独禁法で禁止する優越的地位の濫用だと公取委は判断したのである。

この公取委の命令を分かりやすく解説しよう。この事件のポイントは二つである。ひとつは、加盟店が見切り販売をすれば収益を改善することができるのにもかかわらず、本部はこれを阻止し続けており、加盟店に損をさせているという実態があることを公取委は認定した。

そして、二つ目として、この実態を憂慮した公取委は加盟店が見切り販売を行うことを阻止するために、本部は加盟店に対して圧力をかけてはならないと命じたということである。

この結果、セブン-イレブン本部だけでなく、各コンビニ本部は露骨に見切り販売をしないように加盟店に圧力をかけることはできなくなったというわけである。（公取委については、第４章で解説する）

見切り販売をさせない理由① 機会ロス

以上の通り、本部が見切り販売を制限する最大の理由は、コンビニ会計にある。しかし、これ以外にも本部は見切り販売を推奨しない理由を主張している。

その理由とは、機会ロスの発生を防ぐこと、ブランドイメージを守ること、24時間営業をしているためいつでも商品が売れることの3点である。以下、これらの本部の主張を見ていきたい。

「ある商店にとって『商品を売り切ることが大切』なのか、それとも『必要とするお客様に商品を必ず届けることが大切』なのか、いったいどちらであろうか」と尋ねられた場合、あなたはどちらであると答えるだろうか。

もちろん、双方とも実現できれば、それに越したことはない。しかし、現実は、これらを両立させることは困難であり、経営戦略としてどちらかを優先せざるを得ないはずである。もしあなたが経営者なら、どちらを経営戦略として採用するであろうか。

スーパーなどでは、「商品を売り切ることが大切」と考えているところが多いであろう。売れ残りの商品は廃棄となり、これはそのスーパーにとっての損失となってしまうからである。

しかし、コンビニ本部は、「商品を売り切ること」を悪と考えている。「必要とする客に商品を必ず届けること」を最優先事項としているためである。これが、本部が見切り販売を推奨しない理由の一つである。

客がある商品を買おうと来店したが、その店舗では、その商品が欠品していたため、客が商品を買うことができなかったという売り逃しのことを「機会ロス」という。本部は「商品が売り切れた」ということは、この機会ロスが発生していることだと考えているのである。すなわち、商品が完売したということは、欠品が発生したということであり、機会ロスという目に見えない売上減少が発生していると本部はとらえるのである。

機会ロスが続けば、この店では欲しい商品が手に入らないと客に思われてしまい、客離れが起きる。客離れが続くと、販売量が減少するため、店舗はさらに発注量を削減せざるを得なくなるという悪循環に陥る。機会ロスを発生させることは、その客の支持を失うことであり、結局、売上を下げることになってしまう。このように本部は考えるのである。

そして、この悪循環を回避するために、ある程度の廃棄ロスが発生することを覚悟して、発注を行うように本部は加盟店を指導する。特に、コンビニで売られているお弁当やファストフードは、販売期限が短いため、売れ残りによる廃棄ロスが発生しやすい商品である。しかも、天候などの様々な状況で売れ行きが変化するため、販売予測が難しい商品でもある。

だからといって、売れ残りを恐れて、商品発注を抑えると機会ロスが発生してしまう。そこで、本部は「廃棄は投資です。商品があることによって必ず客は来てくれます。商品がなければ客は来てくれません」と加盟店を指導し、日販の1％から2％もの廃棄を出すように教育する。

一方で、見切り販売とは廃棄ロスを防ぐために、「商品を売り切る」ための戦略である。これは、機会ロスの発生を防ぐことを最優先事項と考える本部の意向とは真逆の戦略となる。機会ロスの発生を防ぐことを最優先事項と考える本部にとって、「完売」とは「欠品」という意味でしかない。「商品を売り切る」ことは間違った戦略であると本部は考えるのである。だから、本部は加盟店に見切り販売などをしてほしくないのである。

さらに、もう一つ、本部が加盟店の見切り販売を嫌がる理由がある。それは、お弁当などの食品は商品を豊富に陳列しなければ、客の購買意欲を高めることができないという理論である。

商品在庫が残り1、2個の場合、客は売れ残りと認識してしまい、買いたくないと思ってしまうからである。だから、本部にとっては、「いつでも新鮮で豊富な商品が棚に陳列してある」状態を保つことが、もっとも望ましい状態なのである。

しかし、加盟店が見切り販売をするとどうなってしまうのか。見切り販売をする商品には「30％引き」とか「半額」などのシールが貼ってある場合が多い。すなわち、販売期限間近の売れ残り候補の商品が店舗の棚に陳列してあることになる。こうなると「いつでも新鮮で豊富な商品が棚に陳列してある」というイメージからかけ離れた状態になる。このような状態になることを本部は恐れているのである。

見切り販売をさせない理由② ブランドイメージの維持

本部が見切り販売を推奨しない二つ目の理由は、ブランドイメージの維持である。POSシステム（販売時点情報管理システム。いつ、どの商品が、どれだけ売れたかなどの販売情報を収集し、商品発注の参考にするシステム）などのコンビニシステムは、物流から始まり、24時間営業、同一チェーン同一価格、定価販売のもとで成り立っているシステムである。このコンビニシステムによって、ブランドイメージが築き上げられている。だから、このコンビニシステムを変えることはできないというのが本部の主張である。

これは、公取委による排除措置命令に対して、セブン-イレブン本部が発表した「公正取引委員会からの排除措置命令に関する弊社見解について」からわかる（※9）。まとめると次のようになる。

●一物二価による顧客からの信用失墜を避ける

もし見切り販売がなされてしまうと、時間帯によって、そして店舗ごとに価格が異なることになってしまうと本部は主張する。すなわち、値引きした商品と正規の価格の商品が混在して消費者が混乱するし、店舗によって価格が異なれば顧客の信用が失われる、すなわち、「一物一価」は顧客からの信用が失墜するというわけである。

そして、一般消費者は値引きしてくれれば値引きをあてにしてしまうため、顧客が値引きを期待するようになってしまうと正規の値段での販売が難しくなる。長期的に見ると定価の弁当が売れなくなってしまう。

また、単品管理の面からも見切り販売は避けたい。新鮮な商品を提供しているというイメージが損なわれるからである。

●コンビニビジネスモデル

コンビニはPOSシステムによって、売上の管理や分析を行っている。これにより、売れ筋商品を見極めて、機会ロスをなくすようにしている。このシステムは、物流から始まり、24時間営業、同一チェーン同一価格、定価販売のもとで生み出されたコンビニの根幹をなすシステムである。このシステムがあるからこそ、コンビニは便利さを生み出し、コンビニの強みを作ってきた。

したがって、この原則を変えてしまうと、定価販売によって支えられているコンビニのビジネスモデルが根底から揺らぐ恐れがあると本部は主張している。つまり、周辺のスーパーなどとの値下げ競争に巻き込まれると、コンビニが得意とする売れ筋商品などをデータ分析し、客のニーズに合った需要予測を立てるという手法が役に立たなくなるというわけだ。コンビニがスーパーなどに比べて優れている点は、価格ではなく利便性である。コンビニへ来る顧客は、スーパーよりも高い価格であっても、欲しい商品があるからという利便性に惹きつけられて、コンビニへやってくる。欲しい商品を提供するために必要なデータ分析や需要予測等の得意分野を放棄し、価格競争に入ってしまえば、顧客の支持を失うだけである、と本部は主張している。

●24時間営業

本部が見切り販売を推奨しない三つ目の理由として、コンビニは24時間営業を基本としていることを本部は挙げている。見切り販売とは売れ残りを危惧して行われるものである。たとえば、24時間営業ではないスーパーでは、閉店時間の少し前（1時間から3時間前）から行われることが多い。閉店時間になるともう商品を売ることはできず、売れ残った食品は廃棄をするしかない。儲けはゼロどころか、廃棄ロスを考えるとマイナスとなる。だから、廃棄をするよりは儲けが少なくても値下げ販売をして、利益を取りにいくのである。

一方で、コンビニは、24時間営業である。閉店時間がないため、24時間、顧客の来店があり、いつでも商品を売ることができる。だから、見切り販売をする必要がないというのが本部の主張である。

本部の主張は正しいか

以上が本部の主張であるが、これらの主張は妥当なものであろうか。少なくとも、これは加盟店の利益にはなっていないし、消費者から支持される主張ではないように筆者は感じる。

売れ残りによる廃棄ロスのほとんどを加盟店は負担している。おにぎりを10個仕入れて2個売れ残りを出すより、6個仕入れて完売するほうが加盟店は儲かる。しかし、本部はおにぎりを完売するよりも、2個廃棄を出しても8個売った方が儲かる。だから、本部は廃棄を出すことの正当性を主張しているだけのような気がしてならないのである。

そもそも、販売期限が迫った商品を安く買うことで顧客の信用は失われるだろうか。値下げの理由を顧客がわかっていれば、顧客が店に不信感を持つはずがない。要するに、販売期限が迫っている商品とそうではない商品の間に品質を維持できる期間に違いがある。だから、それらの値段は異なるわけである。販売期限が迫っていることを値下げ販売という一目瞭然の形で伝え、しかも安く買えるとなれば、この方が店に対する信用は高まり、顧客からは歓迎されるはずである。むしろ、安くなる可能性のある商品を定価で買わされた方が顧客の信用を失うのではないだろうか。

そして、豊富な品揃えが顧客の購買意欲を高めると本部はいう。売上の増加が加盟店の利益になれば、豊富な品揃えは必要である。しかし、売上を増やすことより、廃棄ロスを減らした方が加盟店の利益になるとすれば、加盟店はいったい何のために豊富な品揃えを行うのであろうか。

しかも、豊富な品揃えは大量の食品廃棄を出すことを意味する。食品廃棄を助長することは、多くの人が持っている道徳観を踏みにじることである。どうせ捨てられるからといって、「賞味期限の切れたおにぎりを足で踏みつける」ことを躊躇なくできる人がいるであろうか。ましてや、これを勧められたら、その人に対して嫌悪感を持つだろう。食べ物を大切にすることは多くの人が当たり前に持っている道徳観だからである。

そして、日本には「もったいない」という言葉がある。モノを大切にする日本人の心を示した言葉である。「食べ物を大切にすること」そして「もったいない」を知っている日本の国民が大量の食品を廃棄している実態を知ってしまったら、これからもコンビニを支持するであろうか。

日本の国民は食べ物を大切にするコンビニを望んでいるはずである。コンビニが食べ物を粗末にしているという実態が知れ渡ったら、そんな企業は日本の国民から見放されてしまうに違いない。

食品ロス問題

次ページの表は2017年4月にNPO法人コンビニと地域環境を考える会がコンビニ店舗6店舗に対して行った調査である（※10）。

この6店舗のうち、見切り販売をしなかった店舗の7日間の廃棄量の平均は112kgである。金額のわかるB店とC店の平均は13万7196円である。1日あたりの額は1万9599円である。コンビニでは、廃棄ロスのほとんどを加盟店が負担している。

すでに述べた通り、東京都の2019年の最低賃金が1013円である。仮に東京都の最低賃金でアルバイトを雇うとなると、上記見切り販売をしなかった店舗の廃棄平均額の1万9599円で何時間雇うことができるだろうか。もし廃棄がゼロになって、人件費に回すことができれば、加盟店はアルバイトを約19時間も雇える計算となる。これだけ、コンビニ加盟店オーナーの労働時間を減らすことができるのである。

それでは、この無駄を減らす、すなわち、廃棄を出さないために効果的な方法は何であろうか。それは、この表からも分かる通り、見切り販売をすることである。もちろん、

		初日	2日目	3日目	4日目	5日目	6日目	7日目	合計
A店	金額								
	重量	16	17	24	19	15	23	19	133
B店	金額	12983	18879	9605	16058	17234	16130	14974	105863
	重量	9	9	8.5	14.5	7.5	13	11.5	73
C店	金額	21948	23744	32875	26374	29102	15400	19085	168528
	重量	24.15	13.85	23.3	21	23.4	10.65	15.95	132.3
D店	金額	7026	8531	10237	15945	12244	8413	8363	71759
	重量	2.5	2.5	5	10	9	4	4	37
E店	金額	1046	1131	246	128	690	479	1852	5572
	重量	1.5	1.5	0.2	0.1	0.5	0.5	3.5	7.8
F店	金額	9313	20668	15491	29769		21573		96814
	重量	5	17	6	15		12		55

出所:NPO法人コンビニと地域環境を考える会調査(2017年4月)重量はkg、金額は円

この表では加盟店の日販は不明なので、単純な比較はできない。しかし、3割引見切り販売実施店D店の廃棄金額は7万1759円、重量37kg、5割引見切り実施店E店の廃棄金額は5572円、重量7・8kgである。これらの店舗は、見切り販売をしなかったB店やC店と比べると、廃棄の重量及び金額ともに低い数値を示している。

このことを考えると見切り販売が加盟店の収益を増やし、食品ロスを防ぐ効果的な方法であることに間違いはない。

別の視点からも考えてみよう。仮に日販と同じだけ廃棄を出したとすればどうなるか。コンビニ大手3社(セブン-イレブン、

ファミリーマート、ローソン）の2018年度売上高の合計は10兆2178億円である。これの1%の廃棄を出すとすれば、年間1021億7800万円、1日約2・8億円もの食品ロスを出していることになる。500円のお弁当に換算すると約56万食分である。見切り販売をしなければ、このような「もったいない」ことが起きてしまうのである。

消費者庁ホームページによれば、2016年度の日本における食品廃棄量は2759万トン。まだ食べられるのに廃棄される食品（食品ロス）は約643万トンである（※11）。2017年の世界の食糧援助量は380万トンであり、2013年の日本の米の生産量は860万7000トンである。日本では、世界の食糧援助を上回り、日本の米の生産量の約75%もの食料が廃棄されている。この数字を見れば、日本では、いかに食品ロスが多いかわかるだろう。

日本の食品ロスを減らすためにも、コンビニも廃棄を減らすシステムへと変えるべきである。コンビニ本部は、コンビニ会計のために、過大な発注を加盟店に推奨するのではなく、発注の精度を高め、売れ筋の商品を揃えることに力を注ぎ、食品ロスの出ないような「売り切るシステム」を作っていくことが必要なのではないだろうか。

そもそもＰＯＳシステムとは、商品の単品管理を行って、売れ筋などのデータ分析や需要予測を行い、発注の精度を高め、商品を売り切るためのシステムであったはずである。ゆえに、見切り販売とは、ＰＯＳシステムによる予測が万が一外れた場合に、次善の策として行うものである。見切りは最後のお守り、セーフティネットのようなものである。最初から安売りを行うディスカウントとはわけが違う。見切り販売によって価格破壊が起きるわけがない。

このように考えれば、販売期限の近づいた食品の見切り販売を行って商品を売り切ることが、なぜ、コンビニビジネスのシステムを狂わせることになるのであろうか。

また、第４章でも述べるが、深刻な人手不足やオーナーの過重労働を理由として、新たなコンビニのあり方が検討されており、コンビニ各社は時短営業を認める方向へと進んでいる。従って、24時間営業だったコンビニから閉店時間のあるコンビニへと変わりつつある。だとすれば、売れ残りを出さないためにも見切り販売は必須となるはずである。

大量の食品が捨てられているというイメージがコンビニについてしまったら、客離れを引き起こしてしまうはずである。本部が機会ロスを問題にするのなら、まずは的確に消費者の需要を読み、売れ残りを出さないように考えるべきである。

セブン-イレブン本部によるエシカルプロジェクト

この見切り販売に関連して、セブン-イレブン本部は、消費期限の近い商品を購入した客に5％のポイントを付与する「エシカルプロジェクト」をはじめていることにも触れたい。

エシカル（ethical）とは、元々は「倫理的」という意味である。この倫理的という意味から派生し、倫理的な活動をすること、すなわち、社会貢献活動を意味するようになり、環境保全活動などもエシカルと呼ばれるようになった。したがって、セブン-イレブン本部によるエシカルプロジェクトとは、食品廃棄を削減する環境保全活動のことである。

今まで、機会ロスを発生させることを悪とするがために、食品廃棄を出すことを進めてきた本部が、一転して食品廃棄を削減する動きを見せていることは評価したい。

しかし、このプロジェクトは5％のポイント付与である。消費期限の近い100円のおにぎりを購入したとしても5円分のポイントを得られるだけである。2020年7月からレジ袋の有料化が始まったが、セブン-イレブンの場合、特大のレジ袋が5円である。したがって、販売期限の近い100円おにぎりを買えば、特大のレジ袋が1つもらえるだけの意味しかない。

やはり、3割引や半額などのシールが張られていることもあるスーパーなどの見切り販売と比べるとインパクトが弱いことは否めない。本部が、本当に食品廃棄を削減しようとするのならば、やはり見切り販売を推奨すべきではないだろうか。

問題4：仕入値は、スーパーで売っている同じ商品価格より高い？

「コンビニで売っているペットボトルのコーラとスーパーで売っている同じ銘柄のコーラ、どちらが安いと思いますか」と聞かれた時、おそらく大多数の人はスーパーだと答えるだろう。実際、コンビニでは定価販売をしているから、多くの場合、コンビニの方がスーパーより、売価が高くなっている。

だからといって、コンビニでコーラが売れていないわけではない。便利さや買い物のしやすさなどの付加価値がコンビニにはあるから、コンビニでもコーラは売れているのである。売価が高くても商品が売れるコンビニ加盟店は、さぞかし儲けているのではないかと考えてしまうが、実態はそうではない。

コンビニでは、加盟店は本部から推薦された仕入先（ベンダー）から商品を仕入れるが、仕入れた商品の代金支払いは本部が代行している。しかし、加盟店は、このベンダーからスーパーよりも高い価格で商品を仕入れているため、さほど儲かってはいないのである。

渡辺仁氏等が2014年に行った調査によると、セブン-イレブンの「人気16商品中10商品」がスーパーの店頭価格よりかなり高い仕入原価（仕入値）であった（※12）。

たとえば、コカ・コーラ1・5ℓは、スーパーの販売価格が138円だったのに対し、コンビニの仕入原価は188円である（店頭での売価は307円）。

他にも、カルビーのポテトチップス85gはスーパーの販売価格が73円だったのに対し、コンビニの仕入原価は97円（売価152円）、アサヒビールのスーパードライ350ml は、スーパーの販売価格が171円だったのに対し、コンビの仕入原価は184円である（売価286円）。

加盟店は、スーパーの店頭価格よりかなり高い仕入原価で本部が推薦するベンダーから商品を購入しているために、近所のスーパーから商品を仕入れて店頭で販売した方が、儲かるということになってしまっているのである。たとえば先ほどの調査の価格であれば、本部が推薦するベンダーからコカ・コーラ1本を仕入れて販売すると粗利は119円。一方で、近所のスーパーで購入して、コンビニの店頭で販売したら、粗利は169円である（コンビニ店頭価格307円−スーパーの販売価格138円＝169円）。

あなたが、コンビニ加盟店オーナーだったら、この実態について、どのように思うであろうか。なぜ、本部が推薦するベンダーから仕入れると近所のスーパーより高い値段になるのか、疑問に思うのではないだろうか。ひょっとすると、本部はピンハネをしているのではないかと疑ってしまうかもしれないだろう。

実際にこの件については、裁判が起きている。あるコンビニ加盟店オーナー達は、本部に対して、「支払先、支払日、支払金額、商品名とその単価・個数、値引きの有無等、具体的な支払内容」についての報告を求めて裁判を起こしたのである。この裁判は、最高裁まで争われたが、結果は、コンビニ加盟店オーナーの勝訴で終わった。最高裁２００８年７月４日判決（判例時報２０２８号32頁）は、本部はコンビニ加盟店オーナーの求めに応じて、報告をする義務を負うと判断した。

もっとも、最高裁は、本部は加盟店に報告義務を負うとしたものの、その報告義務の具体的な内容については判断をせず、高裁に差し戻して審理をさせていた。そして東京高裁２００９年８月25日判決（判例秘書Ｌ０６４２０４４９）は、本部は加盟店に対して、支払内容（個々の商品名を特定し，その個々の商品名ごとに支払先・支払日・支払金額・単価・個数を明示すること）及び仕入れ先のリベート額を報告するように命じた。

このように本部は、加盟店にベンダーへの支払内容やリベート額を報告することが義務付けられることになったわけであるが、この問題がこれで解決したわけではない。コンビニ加盟店がスーパーより高い仕入原価で商品を仕入れているという実態は変わっていないからである。

この点については、アメリカも同様のことが起き始めている。アメリカのセブン‐イレブンでは、加盟店の仕入原価が近隣の大型店スーパーより高値になっていた場合には、本部は加盟店に補償することになっていたが、２０１９年に契約が改定されたために、この補償はなくなってしまった。アメリカのセブン‐イレブン加盟店団体のＮＣＡＳＥＦ（The National Coalition of Associations of 7-Eleven Franchisee）は、これに猛反発をしているものの、現在まで、契約の再改定は行われていない。

アメリカや日本のコンビニ加盟店は、近所のスーパーより高い値段で商品を仕入れさせられているのである。

問題５：本部による契約の更新拒絶問題

以上の通り、年中無休24時間営業の強制、高額なロイヤルティ、コンビニ会計といったコンビニ加盟店オーナーを苦しめる契約内容がまかりとおっているのがコンビニフランチャイズ契約の問題である。

それなのに、「契約内容がおかしい」、「不当だ」と声をあげるコンビニ加盟店オーナーは少ないのはいったいなぜであろう。どうしてコンビニ加盟店オーナー達は、文句すら言わず、黙ってこれらの契約に従っているのであろうか。もちろん、契約に従わなければ、契約違反となり、加盟店は本部から損害賠償を請求される。だから、コンビニ加盟店オーナーは契約にしたがっているという側面はある。

しかし、コンビニ加盟店オーナーが本部に文句も言わず黙ってしたがってしまう大きな理由が、他にもある。それは、契約の更新である。

契約期間の満了が近づくと、契約を更新するか、すなわち、コンビニ加盟店オーナーがこれからも店舗の経営を続けられるかどうかについて、本部とコンビニ加盟店オーナーで話合いが行われる。両者の合意ができれば、契約は更新される。両者の合意で契約が更新されるということは、本部とコンビニ加盟店オーナーの合意が無ければ契約が更新されないということである。

つまり、本部の恣意的な判断によって契約の更新拒絶ができてしまうということになる。本部は気に入らないコンビニ加盟店オーナーを切り捨てることができるのである。

コンビニ加盟店オーナーは多額の投資を行って、コンビニ経営を始めている。コンビニ経営に人生をかけるつもりで個人資産のほぼすべてを投資、それどころか借金をして始めた人も少なくない。このようなコンビニ加盟店オーナーが契約の更新を本部に拒絶されたら、どうなるのか。収入の途を断たれるばかりか、投資の回収ができず、借金が残ってしまう場合もあるだろう。財産を失い、明日からの生活の糧をも失うことになってしまうのである。

だから、コンビニ加盟店オーナーは本部による契約更新拒絶に怯え、その意向に逆らうことなどできないのである。契約の更新拒絶の権限を持つことによって、本部は、たとえそれが無理難題であっても、コンビニ加盟店オーナーを従わせる力を持ってしまっているのである。

それでは、実際にどのようなことが起きているのか、筆者が現役のコンビニ加盟店オーナーから伺った話をしよう。

Yさんの場合（セブン-イレブン加盟店オーナー）

最初は東京都内でセブン-イレブンを営むコンビニ加盟店オーナーYさんの経験談である。Yさんは、1997年にセブン-イレブンに加盟した。Yさんの店舗の純利益率は、同じ地区の店舗の中でもトップクラスだった。順調に経営を続けてきたYさんだったが、2012年に事件は起きた。本部が、Yさんに対し、本部の要求を飲まなければ、契約の更新ができないと告げてきたのである。

セブン-イレブンの場合、契約期間は15年である。したがって、Yさんの場合は、2012年に契約の満了を迎える。すなわち、2012年が契約の更新の年である。Yさんと本部との契約の更新の話し合いは、この前年の2011年から始まった。

Yさんは、店舗の純利益率は好調であるし、当然に契約の更新ができると思っていた。しかし、この更新についての話し合いの際に、本部は、突然、要望書をYさんに渡してきた。本部は、Yさんの店舗の「商品在庫が少ない」、「廃棄が少ない」という理由で、今のままでは契約の更新はできないと伝えてきたのである。

Yさんの店舗は、同じ地区の他の店舗と比べると商品在庫は少なく、同地区の商品在庫の順位は下位であった。そして、廃棄額についても、同じ地区の店舗の平均が売上比2・3％であるのに対し、Yさんの店舗は売上比1・3％であった。このことからも純利益率が好調であることがわかる。

Yさんは在庫回転日数をあげ、死に筋商品は持たないという経営方針を掲げており、変化に対応しやすい店作りによって売上・利益をあげていくということを目指していた。もちろん、一般論として、「客に豊富な商品があるように見せる」すなわち、商品在庫を増やし、廃棄を増やすことは、売上や利益を伸ばすための戦略の一つとして否定されるものではない。

しかし、Yさんの店舗の純利益率はトップクラスだし、商品在庫の回転日数は申し分ない。だから、Yさんの店舗の損失となるようなこと、すなわち、「商品在庫を増やす」「廃棄額を増やす」ことを、Yさんの店舗が、あえてする必要は全くなかったのである。しかも、Yさんの店舗は、更新の年である2012年には、昨年よりも売上を伸ばしていた。それなのに、本部は商品在庫を増やし、廃棄額を増やせとの要求をYさんへ突きつけてきた。

この本部の要求に納得のいかないYさんは、これを拒否し続けた。その結果、契約の更新日が来ても、Yさんは、すぐには本部から契約の更新をしてもらえなかった。Yさんの店舗は、生殺しの状態で焦らされ続けたのである。本部は、契約の更新をせずに「契約を延長する」として店舗の経営を続けさせ、Yさんが折れるのを待ち続けた。しかし、この状態が4カ月ほど続いたところで、本部も根負けしたのか、Yさんはようやく契約の更新が本部から認められた。

Yさんによれば、同様の売上を出している店舗は全て契約を更新されているそうである。このため、本部が契約の更新をしない理由は、商品在庫の額や廃棄の額以外にもあると、Yさんは考えた。そこで本部社員に尋ねてみると、遠回しに本当の理由をYさんに伝えてきたという。その理由は、Yさんが「見切り販売を行っていること」、そして、「コンビニ加盟店ユニオンの組合員であること」であったそうである。

すなわち、Yさんの店舗が見切り販売をしているために、先述のコンビニ会計が理由でYさんの店舗からの本部のロイヤルティ収入は減ってしまっている。もし、見切り販売をYさんの店舗が止めれば、売れ残りが増えるために、Yさんの店舗の損失となる廃棄の額は増えるが、本部のロイヤルティ収入は増える。

本部が「廃棄の額を増やせ」と言っているのは、「見切り販売をやめろ」ということであったのである。商品在庫を増やせということも同じである。コンビニ会計の結果、本部は少しでも売上が増えれば、ロイヤルティ収入が増える。だから、廃棄が出ても、Yさんに大量の商品発注をして欲しいということであった。

そして、見切り販売を加盟店に推奨するなど本部の意向に反する主張をしているコンビニ加盟店ユニオンに加入していることも、本部は気に入らなかったというわけである。

しかし、見切り販売をやめて、本部の指示通りに在庫を持つとなると、売上も利益も下がり苦境に追い込まれることになるのは、火を見るより明らかであった。だから、Yさんは本部の指示に従うことができなかったのである。

そもそも、なぜYさんが見切り販売を始めたのかといえば、2009年にYさんの店舗の近隣、直線で250メートルの場所に、同じセブン-イレブンが新規出店したからである。（この同一地域内に同一チェーンの店を集中出店することをドミナント戦略という。このドミナント戦略については、94ページ以降で触れる）同じ商圏内に同一チェーンの店舗が出店してきたために、Yさんの店舗は売上が10％近くも減少した。このため、Yさんは利益を確保するために、見切り販売を開始したというわけである。

その後、見切り販売を始めたおかげで、Yさんの店舗は売上・利益を回復することができていた。見切り販売が、Yさんの店を救っていたのである。

紆余曲折はあったものの、結果的に、Yさんは見切り販売をやめることはせず、無事に契約の更新をすることはできた。しかし、本部はYさんを許しはしなかった。今度は、Yさんの店舗の100メートル先の駅前に新しいセブン-イレブンを新規出店してきたのである。

それでもYさんの店舗の見切り販売は客に支持され、このドミナント戦略による新規出店後も前年度を上回る売上を達成している。

このようにYさんは強い信念を持ち続け、本部の圧力に屈することなく、自分の店舗を守ることができた。しかしながら、この例のように、本部は契約の更新時に、本部の言いなりにならない加盟店オーナーを屈服させようとする、あるいは、切り捨てようとすることが平然と行われている実情がある。

このため、加盟店オーナー達はある共通認識を持ってしまっている。それは、「本部の意に反する行為を行う加盟店オーナーは契約の更新を拒絶される」ということである。繰り返しになるが、契約の更新がされなければ、加盟店オーナーは全てを失う。これは、加盟店オーナーにとって恐ろしいことである。本部の意向に抵抗したり、本部に文句を言えば、契約の更新がされないのではないかと怯えてしまうのは、立場の弱い加盟店オーナーからすると当然のことである。この本部による更新の拒絶が怖いがために、本部の要求することが無理難題であっても、加盟店オーナーは唯々諾諾と従うしかなくなってしまっているのである。

Sさんの場合（セブン-イレブン加盟店オーナー）

それでは、さらに別のセブン-イレブン加盟店オーナーの経験談も紹介しよう。20

21年、契約の更新を迎える群馬県のセブン-イレブン加盟店オーナーSさんも、本部の無理難題に悩んでいる。

Sさんは、セブン-イレブンを開業して29年目になるAタイプ（土地及び店舗建物をオーナーが所有しているタイプの契約）店舗のオーナーである。セブン-イレブンの場合、契約期間は15年間であるから、Sさんの店舗は来年に契約30年目の更新を迎える。これからも、セブン-イレブンを続けることを希望し、契約の更新を控えたSさんに、本部はある要求をしてきた。

Sさんの店舗は開店して29年になるため設備が老朽化しはじめていた。これが気に入らない本部は、Sさんに対して、上下水道から空調設備など店舗の大改修を求めてきたのだ。Aタイプの場合、店舗建物は加盟店オーナーが所有しているから、この大改修の費用は、全てSさんが負担する。そして、この費用を見積もると約3000万円にもなる。果たして、Sさんにとって、これは簡単にできることなのであろうか。

現在、Sさんの店舗の平均日販は約40万円である。「40万円」と聞くと繁盛しているように思えるかもしれないが、全国のセブン-イレブン店舗の平均日販は約65万600

0円である。決して売上が良い店ではなく、実際問題、経営はかなり厳しい。だから、この大改修は容易にできることではない。

もちろん、本部は「大改修をしなければ契約の更新をしない」と直接的にSさんに伝えているわけではない。しかし、契約の更新を控える側からすると、この本部の要求が絶対的な命令であるかのように聞こえてしまっている。現在も、Sさんは大改修をすべきか思い悩んでいる。

繁盛店になると同一チェーン店が次々と出店してくる

別の視点からも、Sさんの店舗の話をしよう。すでに述べた通り、Sさんの店舗の平均日販は約40万円である。どうしてこのような日販になってしまっているのか、その理由は、本部によるドミナント戦略のためである。

Sさんの店舗はもともと、それほど売上が高い店舗ではなかった。この状態を立て直すべく、Sさんは必死な思いで店舗経営の改善に取り組んだ。この努力が実り、ようやく店舗の売上が上向いてきたと思った矢先、近くに同じセブン-イレブン店舗が出店してきた。

しかも、これが起きたのは一度だけではない。二度も同じことが繰り返された。同じセブン-イレブン店舗の出店による売上減からようやく抜け出せたかと思ったら、また、別の近隣に同じセブン-イレブン店舗が出店してきたのである。この結果、Sさんの店舗は、現在の日販になってしまっている。

Yさんも同じ経験をしているのはすでに述べた通りだ。このように本部による契約の更新拒絶と同じように加盟店を苦しめているものがドミナント戦略による同一チェーンの新規出店である。

同じチェーンの店が、自分の店舗の近隣に出店して来たら、売上が下がってしまうのは当然だ。

ドミナント戦略は、加盟店店舗の経営状態を傾けるものである。実際、このドミナント戦略によって、加盟店店舗が閉店に追い込まれたり、加盟店オーナーの家庭が崩壊する事件が起きたりしている。そこで、ドミナント戦略とは一体何なのか、どうしてこのようなことが行われるのかについて解説をしたい。

高い市場占有率を維持したい

加盟店オーナーは多額の借金をして、夫婦二人でコンビニの店舗を始めた場合が少なくない。開業後、ようやく店舗が軌道に乗って、これからという時に、本部が、夫婦の店舗の近隣に次から次へと同一チェーンの店を出店してきたらどうなるであろうか。当然、売上は減少し、夫婦の店は危機的状況に陥るだろう。

しかし、フランチャイズビジネスにおいて、特にコンビニでは、この同一チェーン店の近隣出店は頻繁に行われることが多い。このような近隣出店のことを、ドミナント戦略という。ドミナント戦略とは、一社の店舗を集中的に出店することで、その地域でより高い市場占有率を奪おうとする戦略である。

簡単にいえば、A店という店舗の近隣にB店を出店し、A店やB店の近隣にC店を出店というように、同じ地域に次々と出店を繰り返して、同一チェーンが支配する商圏を拡大する戦略である。

どうして、このような出店が行われるのかといえば、

①地域に同じチェーンの店が集まるためフランチャイズチェーンの認知度が向上し宣伝効果が高まる
②近くて便利なお店が増えれば顧客の来店頻度が向上する
③物流効率の向上
④経営相談サービスの質の向上

の4点が理由として挙げられる。

物流効率の向上とは、コンビニなどでは、必要な商品をバラで配送する小分け配送が行われているが、特定の地域に店舗が集中しているから可能となっている。

そして、経営相談サービスの質の向上とは、店舗の近くに店舗があれば、店舗巡回指導員（スーパーバイザー）が巡回できる店が増えて効率よく店舗指導を行うことができるというわけである。

ドミナント戦略によって本部が得られるメリットはこれだけではない。ドミナント戦

略によって本部は増収になる場合が多いのである。本部がA店の近隣にB店を出店したとする。また、各店舗のロイヤルティは収益の60%とする。

A店は収益100万円の店舗であったが、近隣にB店が出店された結果、A店の収益は40%減の60万円、B店の収益も60万円に留まった。この場合、A店からすれば収益が40%減少となって大きな痛手になるが、本部はA店とB店からのロイヤルティ収入は20%増の72万円である。本部は既存店の売上が少々下がっても、近隣出店をした方が得なのである。だから、ドミナント戦略が行われているのである。

ドミナント戦略の恐怖

加盟店オーナーは多額の借金をして、夫婦二人でコンビニの店舗を始めた場合が少なくない。こんな夫婦の店舗の近隣へ次から次へと本部が新規出店をし、売上がガタ落ちとなって、生活もままならなくなってしまった。こんなことがコンビニでは起きているのである。このドミナント戦略による近隣出店によって、心が折れ、精神的に参ってしまう加盟店オーナーは少なからずいる。

ドミナント戦略による近隣出店が、どれだけ恐ろしいもので、加盟店がこれに抗うことが難しいかについて、少し想像してみてほしい。

あなたは、ある小売店のオーナーであると仮定する。ある日、あなたの店舗の近隣に同じ業種の小売店が出店された。あなたの店舗の売上はどうなるであろうか。多くの人は、売上は下がると予想するであろう。

もちろん、この場合でも、サービスや、品質、商品の値段など店舗に違いがあれば、企業努力で売上の減少は防げるかもしれない。

それでは、もし、近隣に出店された店舗が、あなたの店と瓜二つの店舗であった場合は、どうであろうか。サービスや、品質、商品の品揃え、値段などが全く同じ店舗が出店された場合である。これには対処しようがないと答える人がほとんどであろう。これが、ドミナント戦略による同一チェーンによる近隣出店の問題である。

次の章ではドミナント戦略による近隣出店をされた加盟店が実際にどうなってしまったのかについて実際に起きた事件を紹介する。そして、その上で、日本の法律は、ドミナント戦略の犠牲となった加盟店を守ってくれないのかについても解説をしたい。

（※１）経済産業省「新たなコンビニのあり方検討会」によるコンビニオーナーヒアリングを参照。<https://www.meti.go.jp/shingikai/mono_info_service/new_cvs/index.html> accessed on 2020.5.16.

（※２）日本フランチャイズチェーン協会フランチャイズガイドを参照。<http://fc-g.jfa-fc.or.jp/article/article_36.html> accessed on 2020.5.16.

（※３）高橋義隆（コンビニ加盟店ユニオン副執行委員長）「過労で倒れた父からコンビニをひきついで」特集『24時間社会と「夜休む権利」コンビニを中心に～第５回過労死防止学会第６分科会の報告と討論～』労働法律旬報１９４０号10頁以下（２０１９年）。もっとも、新型コロナウィルスの感染拡大などで時短営業が認められる場合など、時短営業が容認されることが増えてきている。

（※４）この表については、北健一「中労委が無視したコンビニオーナーの過酷な実態」労働法律旬報１９４３号33頁（２０１９年）でも分析がされている。本書でも参考にさせていただいた。

（※５）週刊ダイヤモンド２０１８年７月28日号「特集コンビニクライシス」１２２頁以下、２０１９年６月１日「特集コンビニ地獄」34頁以下を参照。

（※６）下玉利尚明「「ココイチ」ＦＣ加盟店が失敗しづらいカラクリ「10店のうち１店しか潰れない」秘策の正体」東洋経済オンライン<https://toyokeizai.net/articles/-/289514> accessed on 2020.5.16.

（※７）たつみコータロー『直及勝負』１３３頁以下（清風堂書店、２０１９年）。

（※８）公正取引委員会平成21年６月22日「株式会社セブン-イレブン・ジャパンに対する排除措置命令について」

（※９）セブン-イレブン「公正取引委員会からの排除措置命令に関する弊社見解について」<https://www.sej.co.jp/mngdbps/_material_/localhost/pdf/2009/062202.pdf> accessed on 2020.5.16.

（※10）この表については、井出留美氏の分析が詳しい。本書でも参考にさせていただいた。井出留美「こんなに捨てられています・・」コンビニオーナーたちの苦悩<https://news.yahoo.co.jp/byline/iderumi/20170725-00073548/ > accessed on 2020.5.16.

（※11）消費者庁「食品ロスについて知る・学ぶ」<https://www.caa.go.jp/policies/policy/consumer_policy/information/food_loss/education/> accessed on 2020.5.16.

（※12）渡辺仁『セブン-イレブン　鈴木敏文帝国崩壊の深層』１０４頁以下（２０１６年、金曜日）。

第3章　ドミナント戦略という悪夢

フランチャイズ代表の「本家」はいま

本章では、コンビニなどで行われるドミナント戦略についてさらに深く掘り下げてみたい。

最初に、ドミナント戦略が行われた加盟店はどのような運命をたどったのかについて実際に起きた事件を紹介する。ドミナント戦略による出店が行われた場合、加盟店オーナーとその家族がどのような苦しみを経験するのか、実際に犠牲となった加盟店オーナーのご家族から筆者が伺った。

次に、実際にこのドミナント戦略によって近隣出店をされた加盟店が起こした裁判についてである。ドミナント戦略は違法ではない。苦しむ加盟店がいるのに、どうしてこのようなことを日本の法律や裁判所は許してしまっているのだろうか。この点について解説をしたい。

その前に、マクドナルドで起きた事件について話をしたい。マクドナルドはフランチャイズシステムを導入し、創業の店舗であるマクドナルド1号店と同じシステムとノウハウを持つコピー店を次々に作り出すことによって、世界的な企業へと成長した。フランチャイズ成功の代表ともいえる企業である。

では、マクドナルド1号店の現在の姿をご存知の方はいるだろうか。実は、マクドナルド1号店は、もう存在しない。同じマクドナルドの近隣出店によって、潰されたのである。全世界へと広がったシステムとノウハウを生み出した「本家」に、いったい何が起きたのであろうか。同一チェーンの近隣出店の恐ろしさを理解するために、まずは、このマクドナルド1号店がたどった運命から見てみよう。

マクドナルド1号店の最期

マクドナルドが世界的に有名なハンバーガーショップであることは、もはや説明不要である。このマクドナルドを世界的な企業にしたのは、マクドナルド兄弟（モーリス・マック・マクドナルドとリチャード・ディック・マクドナルド）とレイ・クロックの3人である。

その始まりは、マクドナルド兄弟がアメリカのカリフォルニア州サンバナディーノで始めたマクドナルドハンバーガー（1号店）である。このサンバナディーノの店で、マクドナルド兄弟はマクドナルドの店舗運営システムを構築した。そして、レイ・クロックが、マクドナルドの店舗運営システムをフランチャイズシステム化して、この3人で巨万の富を築きあげたのである。

しかし晩年、マクドナルド兄弟とレイ・クロックの間に激しい確執が起きてしまっていた。マクドナルド本部が得るロイヤルティ収入の分配や、状況に応じて店舗運営システムを革新していこうとするレイ・クロックと昔ながらの運営にこだわるマクドナルド兄弟の意見対立などが、この確執の原因とされている。

この対立の結果、マクドナルドをフランチャイズ化し全米展開をしているレイ・クロックとは、もはや一緒にやっていくことができないと考えたマクドナルド兄弟は、マクドナルド本部の経営から手を引くことを決めた。マクドナルド兄弟は、もうこれ以上レイ・クロックと争うことはやめ、自分たち兄弟だけで昔ながらの店舗運営を続けて、慎ましく老後の生活をしたいと考えたためだという。

そして、マクドナルド兄弟は、レイ・クロックと契約を交わし、マクドナルドの名称、オペレーション、ノウハウなどマクドナルド本部の経営権を全てレイ・クロックに売り渡した。しかし、マクドナルド兄弟は、思い入れのある創業の店であるマクドナルド1号店だけは、レイ・クロックに売り渡すことはせず、店名を「ザ・ビッグM」と変えて、細々とハンバーガーショップを続けていくことにしていた。

こうして、マクドナルド兄弟とレイ・クロックの仲違いは円満解決になったと思われた。だが、マクドナルド兄弟に深い恨みを持つレイ・クロックは、「ザ・ビッグM」からわずか1ブロックしか離れていない場所に、大型のマクドナルドを新規出店した。強大なマクドナルド本部の力によって、レイ・クロックはマクドナルド兄弟の店を完全に潰しにかかったのである。

数年後、マクドナルド兄弟の店は、すなわち、マクドナルドの輝かしい栄光の始まりであったこの1号店は、奇しくも自らが誕生させたマクドナルドとの競争に負け、閉店をした。マクドナルド1号店を潰したのは、瓜二つのコピー店であった。

このマクドナルド1号店のエピソードから、どれだけ同一チェーンの近隣出店が恐ろしいものであるかがわかるであろう。マクドナルドの「本家」ですら、同じマクドナルドに近隣出店をされたら、閉店するしかなかったのである。ましてや、多くのフランチャイズ加盟店オーナーは、元々はただの素人である。この加盟店オーナーがドミナント戦略に対抗して、自分の店舗を守ることができるであろうか。

それでは、元々素人の加盟店オーナーがドミナント戦略によって近隣出店をされたらどうなってしまうであろうか。実際に起きた悲劇を見てみよう。

ドミナント戦略が引き起こしたオーナー家族の悲劇

「憎い。コンビニ本部は血も涙もない会社だと思った。本当に許せない」

これは、セブン-イレブン東日本橋1丁目店オーナーの妻・齋藤政代さんが記者会見で語った言葉である。齋藤さんが、ここまで憎しみのこもった激しい言葉を本部に投げつけたことには理由がある。本部のドミナント戦略が原因で、齋藤さん夫婦の店舗は閉店に追い込まれた。

それだけではない。ドミナント戦略が齋藤さんの店を追い込んだことで、齋藤さんの家族までも犠牲になったからである。齋藤さんの長男は自殺、夫は病死してしまった。ドミナント戦略は齋藤さんの家族をも奪ったのである。それでは、齋藤さんの家族に、いったい何が起きたのであろうか。

この事件については、弁護士ドットコムが報じている（※1）。記事によれば、セブン-イレブン東日本橋1丁目店から100mほど離れたローソン跡地に別のセブン-イレブンが出店した。そして、その後も本部は、この地域に出店を続け、セブン-イレブン東日本橋1丁目店の半径200m前後にはコンビニが6店もあり、うち4店舗は同一チェーン（セブン-イレブン）というコンビニ密集地帯となってしまっていた。

本部によってこのようなコンビニ密集地帯が作られたら、加盟店オーナーの店舗は閉店に追い込まれてしまうことは容易に想像がつくだろう。

ここからは、筆者が直接伺った、セブン-イレブン東日本橋1丁目店オーナーの妻・齋藤政代さんの証言である。

齋藤さん夫婦の店は2010年に開店した。当初は売れ行きも良く日販で100万円を超える日もあったほどの優良店であった。セブン-イレブンの平均日販が約65万6000円だから、この店の好調さが分かるであろう。実際、齋藤さん夫婦の店舗は近隣のライバル店のローソンを撤退に追い込むぐらいの繁盛をしていた。

しかし、この齋藤さん夫婦の店が繁盛していることに目をつけた本部は、齋藤さんの店舗をそのままにしようとは考えなかった。この店舗の周辺が優良な商圏であると判断した本部は、ドミナント戦略を開始したのである。

本部は2013年に齋藤さん夫婦の店の大通りを挟んだ向かい側のローソン跡地に新しいセブン-イレブン店舗の新規出店を決めた。この出店計画を本部に聞かされた齋藤さん夫婦は、当然危機感を持つ。新しい店舗に自分の店舗のお客を取られることを恐れた齋藤さん夫婦は、本部に対して「開店をしないで欲しい」と頼み込んだが、本部はこれを拒否した。

齋藤さん夫婦は、せめて新規開店される店の案内チラシは、齋藤さん夫婦の店舗近くには配らないで欲しいと懇願した。しかし、本部は、この頼みすら無視をした。

その後の齋藤さん夫婦の店は悲惨というほかない。売上は激減し、経営はどんどん悪化していく。それだけではない。近隣のコンビニ店舗とのアルバイトの奪い合いが始まった。アルバイトを募集してもなかなか集まらないどころか、せっかく採用したアルバイトが他店に引き抜かれることすらあった。

こうなると夫婦がシフトに入る時間は増える一方だ。とはいえ、夫婦がシフトに入るだけで店は回らない。齋藤さん夫婦の長男と次男もシフトに入らなければ店舗を運営することができない状態に追い込まれてしまっていた。連日、夜勤などのシフトに入って疲れ果てた齋藤さん夫婦の長男と次男は、学校で寝て過ごしていたという。

こうして家族全員で店舗を支えても、事態は悪化の一途をたどった。借金を重ね、齋藤さん一家の経済状態はさらに苦しくなる一方だった。糖尿病や心臓に持病のある齋藤さんの夫であったが、廃棄の弁当を食べながら、長時間労働を続けた。救急車で搬送されることもあったが、自身がシフトに入らなければ店が回らないため、すぐに店舗に復帰していたこともあったという。ここまで家族が必死に働いても、なお店舗の状態は改善しなかった。夫婦が長男の大学進学のために貯めたお金ですら、店を続けるために使わざるを得なかった。

この過酷な状態は齋藤さんの夫の健康と家族の精神状態を確実に蝕んでいった。そして、ついに齋藤さん一家に悲劇が起きる。２０１４年の夜勤明け、齋藤さんの長男が自殺をしてしまったのだ。遺書はなかったが、死を決断するまでの間、齋藤さんの長男はどんな気持ちであったか想像に難くない。

家族のために、店舗を守ろうとヘトヘトになるまで必死に働いている父と母を助けたい。そんな優しい心を持った親孝行な息子である。だから、齋藤さんの長男は大学進学を諦めて、自分も必死に働いていた。それなのに、店舗の状態は一向に回復せず、毎日過酷な重労働だけが延々と続く。これでは、精神的にまいってしまうのは当然である。将来を悲観するなという方が無理であった。

息子を失った齋藤さん夫婦は、本部に店をやめたいと申し出た。しかし、加盟店から解約を申し出た場合には高額な違約金がかかると本部から言われ、これ以上借金を増やすことができない夫婦は閉店を断念した。息子を失っても、店を続けざるを得なかったのである。もう身も心も疲れ果てていた齋藤さんの家族は、バラバラになってしまっていた。齋藤さんの夫が店舗を回すための費用として、次男の学費にまで手をつけたこともあり、齋藤さんと次男は、2017年に齋藤さんの夫と別居した。

これで悲劇は終わらない。どうにも店を回すことができなくなった齋藤さんの夫は、2019年3月に失踪した。その後、北海道で保護されたが、齋藤さんの夫は失踪した理由についてこう語る。「心臓に持病があるため、寒い北海道へ行けば死ぬことができる。死ねば保険金で借金を返すことができる」ということだった。

すると本部は、齋藤さん夫婦の店舗を今度は一方的に閉店した。このため、齋藤さんの夫は店舗を続けることはできなくなり、その後は、生活保護を受けて生活していたという。

そして、2019年7月11日、齋藤さんの夫は遺体で発見された。齋藤さんの夫が亡くなった日は、「7月11日」、奇しくもセブン‐イレブンの日である。当初は、セブン‐イレブン本部に対する抗議のため、齋藤さんの夫は7月11日に自殺したのではと言われたが、死因は病死であった。

契約とドミナント戦略

それでは、なぜ本部は、加盟店オーナーの家族をも崩壊させるこのようなドミナント戦略を行うことができるのであろうか。その理由は、本部と加盟店が結んだ契約である。たとえば、セブン-イレブンの場合、この契約の第6条には次のような取り決めがある。

第6条（経営の許諾と地域）

1項　セブン-イレブン店の経営の許諾は、加盟店の店舗の存在する一定の地域を画し、加盟店に排他的、独占的権利を与えたり、固有の営業地盤を認めたりすることを意味しないものとする。

2項　本部は、必要と考えるときはいつでも、加盟店の店舗の所在する同一市・町・村・区内の適当な場所において、新たに別のセブン-イレブン店を開設し、または他の加盟店にセブン-イレブン店の経営をさせることができる。本部は、このような場合においても、加盟店の営業努力が十分報いられるように配慮する。

1項では、本部は加盟店に排他的テリトリーを認めないことが書かれている。排他的テリトリーというのは、そのエリア内には、本部は同一チェーンの出店をしないという、いわば加盟店が独占的に営業することができる商圏を指す。これが加盟店にはないということである。

2項には加盟店に排他的テリトリーが認められないとどうなるかが、記載されている。本部は、本部が必要と考える時にはいつでも、本部に都合の良い場所に同一チェーンの店舗を出店することができると契約に明記されている。要するに、加盟店には排他的テリトリーが認められていないのだから、本部はいつでも都合の良い場所に出店できるということを、この第6条2項は言っているのである。

加盟店に排他的テリトリーがあれば、同一チェーンの店が近隣に出店してきて、競合店になることは絶対にない。しかし、セブン-イレブンの契約では、加盟店は排他的テリトリーを持っていないために、同一チェーンが近隣に出店してくることがある。しかも、本部は都合の良い時に都合の良い場所に出店することができるのだから、もし加盟店が繁盛店になった場合には、その加盟店の近隣に出店して、同じエリアの客を奪いますよと契約は言っているのである。

念のために述べておくが、このような契約は日本では違法ではない。そして、加盟店がこのような契約を結んだ場合には、契約に拘束されるのは当然であるから、近隣に同一チェーンの店舗が出店してきたとしても加盟店は本部に文句は言えないのである。

裁判所が本部にお墨付きを与えた

東京地裁平成29年10月16日判決は、セブン-イレブン本部に近隣出店をされた加盟店が本部と争った事件の判決である。この裁判では、契約第6条2項ただし書「本部の配慮」の意味が争われた。

結論からいうと、裁判所は、「本部は、ドミナント戦略に基づいて、加盟店の近隣へ自由に出店できる」と判断している。そこで、どうしてこのような結論になっているのか、その理由を解説しよう。まずは、事件の概要である。

本部の近隣出店が行われたことによって、加盟店店舗の売上が約15%落ち込んだ。そこで、加盟店は、本部が第6条2項のただし書の配慮規定に違反したこと、すなわち、本部は加盟店に配慮せずに近隣出店をしたことを理由として、損害賠償を求めた。裁判において、加盟店は、「本部は、新規出店について真摯に協議する姿勢を示さず、その場しのぎのごまかしの説明しかしなかった」こと、及び、「本部は、新規出店により本件店舗の売上高が減少した場合の代償措置や緩和措置を提示しなかった」と主張していた。

この加盟店の訴えに対して、裁判所は、①本部は、新規出店の前に、加盟店に対し、新規出店の必要性について繰り返し説明したこと、②本部は、加盟店店舗の売上高向上策を提案したこと、③本部は、新規出店の前後を通じて、加盟店店舗の売上高の向上・回復のため、様々な支援策を提案・実施したこと、などの理由から加盟店の訴えを棄却している。要するに近隣出店をされた加盟店は裁判に負けてしまったのである。

このように現在の裁判所の判断では、本部は「繰り返しの説明」、「売上向上策や支援策を提案・実施」すれば契約上の義務を果たしたことになり、加盟店に「配慮」したことになってしまうのである。

それでは、この事件において、実際に本部は加盟店に対してどのような支援策を実施したのであろうか。具体的に見ていこう。

近隣出店する際の本部による支援策

判決によれば、本部による新規出店前の支援策として、本部は「売上前年比１０５％にする為に！」と題する支援策を行っていた。それは、加盟店の店舗における接客改善、売場管理、予約商材の取組、加盟店の負担で駐車場拡大等である。

また、新規出店後の支援策として、本部は、①アイスケースの導入（本部負担）、②売場改善（レイアウトの変更等）、③看板の設置（本部負担）、④主力商品の発注を増やす個店販促の実施（本部が廃棄を月額15万円負担）、⑤店舗移転の打診を行っている。

なお、このうち②と④は加盟店の消極的態度によりほとんど実施されず、⑤店舗移転も加盟店の拒絶により実現しなかったようである。

果たしてこれが、近隣出店に対する本部の配慮となるであろうか。第1章で述べた通り、そもそも、フランチャイズ契約において、本部は加盟店に指導援助をする義務を負っている。したがって、接客改善や売り場管理、予約商材の取組などの支援策は、近隣出店があるか否かにかかわらず、本部が行う契約上の義務のはずである。もしこの支援策で加盟店の売上が増えるとしたのなら、なぜ近隣出店の前に行わなかったのであろうか。少なくとも、加盟店の売上が回復しないような支援策では意味がない。加盟店の売上が回復しないような支援策で、果たして本部は加盟店に対して配慮したことになるのだろうか。

だが、現在の裁判所の判断に従えば、加盟店の売上が回復するような支援策でなくても、本部の契約上の義務である「加盟店への配慮」としては十分なのである。ゆえに加盟店は本部の近隣出店を止めることはできないし、泣き寝入りするしかないと裁判所に判断されたに等しいといえる。

加盟店の主張は認められない

次に「本部は、新規出店により本件店舗の売上高が減少した場合の代償措置や緩和措置を提示しなかった」と加盟店が主張した点についてもみてみる。

この事件において、加盟店は、本部が提案・実施した各支援策は、本件店舗の売上高減少の代償措置になり得るものではなかったと主張している。これは、「本部は加盟店に対して売上高減少を補填する義務があるのに、本部は補填してくれていない」という加盟店の主張である。本部は支援策を提示・実施したが、これでは売上高減少を補填するほどの支援策ではなかったというわけである。

この加盟店の主張に対し、裁判所は本部に本件店舗の売上高減少を補填する義務は認められないとした。しかも、売上減少の要因の一つとして、加盟店が本部の指導に従わなかったことなどがあると裁判所は述べ、本部が行った近隣出店による加盟店の売上減少は、むしろ加盟店に責任があるかのように判断し、加盟店の主張を認めなかった。

裁判所の判断をまとめると、

（1）本部は加盟店に対し、支援策を提案・実施すれば自由に近隣出店をすることができる

（2）この支援策は加盟店が納得するものでなくても、売上高が回復するようなものでなくても良い

（3）本部は加盟店の売上高減少を補填する義務はない

の3点となる。

結論を一言で言えば、現在の契約では、加盟店は本部による近隣出店を阻止することができないということである。現在の裁判所の判断に従うならば、契約に「加盟店の営業努力が十分に報いられるように配慮する」というような規定があったとしても、本部による近隣出店を加盟店が止めることは不可能なのである。

本部は加盟店と契約を結んだのであるから、その契約に従い、ドミナント戦略に基づいて、近隣出店を自由にすることができると、裁判所からお墨付きをいただいているというのが現状である。

ドミナント戦略に未来はあるか

このような裁判所の判断があるにせよ、セブン-イレブン東日本橋1丁目店の事件のように、ドミナント戦略は加盟店の家族の悲劇を生んでいることは間違いない。加盟店の売上減を引き起こし、オーナー自身だけではなく、オーナー家族の過重労働を強いて、家族の過重労働が原因で家庭が崩壊している。

このようなドミナント戦略による近隣出店で追い込まれた加盟店は齋藤さん夫婦だけではない。ローソン出戸八丁目店（大阪市平野区）も同じである。この店舗では、2014年から2015年にかけて同一チェーンが、次々と近隣出店してきたために赤字に陥り、閉店に追い込まれた。この出来事を記事にした朝日新聞によれば、ローソン出戸八丁目店オーナーの服部さんは「オーナーを苦しめてはコンビニの将来はない」と話しているという。（※2）

また、ファミリーマート姫路青山西5丁目店オーナーの酒井孝典さんも自分の店から800メートルの場所に出店され約3割の売上減を経験している。現在、酒井さんの労働時間は月300時間を超えているが、酒井さんの年収は200万円ほどである。

「社会インフラ」とまで言われるコンビニを現場で支えているのは、コンビニ加盟店オーナー達である。卵を生み出しているのは加盟店オーナー達である。このコンビニ加盟店オーナーを苦しめるドミナント戦略をするコンビニに、本当に未来はあるであろうか。

そもそもコンビニ加盟店オーナーたちは、なぜコンビニに加盟したのであろうか。頑張って働いて収入を増やし、家族を幸せにすることを願っていたはずである。ドミナント戦略は、この加盟店の想いに答える戦略であろうか。

家族のために必死に働いた結果が、ドミナント戦略による売上減である。コンビニ加盟店オーナーとその家族がどれだけ頑張って働いても、その努力を本部が奪っていく。このようなシステムが長続きするであろうか。

ドミナント戦略は卵を奪うために鶏を殺しているようなものである。卵を生む鶏を殺し続けて、鶏がいなくなったらどうなるのか。もう二度と卵を得ることはできなくなる。

繰り返しになるが、フランチャイズの基本理念は共存共栄だ。加盟店が儲かるから本部も儲かる。これがフランチャイズを繁栄させた原動力である。フランチャイズを取り巻く人々を幸せにするから、皆から支持され繁栄してきたのである。ともに栄えることを忘れて、自身の繁栄のために他を虐げる。このようなことが許されるわけがない。誰かの犠牲の上に成り立つ繁栄など長続きするわけがないのである。加盟店を不幸にするドミナント戦略は、本当にコンビニ業界のためになっているのであろうか。

ファミリーマート本部による方針転換

このドミナント戦略に対して、ファミリーマートの澤田社長は2019年2月、週刊ダイヤモンドのインタビューで「新規出店はやりますが、東京や大阪、名古屋を中心とした都市圏で可能なエリアだけ、ということになるでしょう。ある一定の地域でドミナント（集中出店）して商品の配送効率を上げて、という時代は終わりました。収益の見通しの立たない出店はしません。あくまでも既存店の売り上げを伸ばしていくことを重視します」というように、ドミナント戦略を大きく方向転換し、収益の見通しの立たない出店はせず、既存店の売上を伸ばしていく方針を示している。（※3）

また、ローソンの竹増社長も「オーナーがドミナントをしてくれるのが僕らの理想とするオペレーションだ。あるエリアをオーナーと一緒に守っていく、そういう人たちが各エリアに小さく展開されていて、集まって、大きなエリアでどうやってローソンをやっていくのか、オーナー同士で話していくことを目指している」と述べている。すなわち、本部が加盟店の近隣に出店するのではなくて、加盟店オーナーが複数店舗を経営することによって、加盟店オーナーがドミナント戦略を行うという方針を示している。（※4）

コンビニ本部も、このように加盟店を苦しめるドミナント戦略ではなくて、加盟店とともに栄える戦略を構築しようとしているようだ。この傾向は大いに歓迎すべきことである。齋藤さん一家のような悲劇を起こさないためにも、もう一度、加盟店の繁栄が本部の繁栄になるという共存共栄の理念に立ち返って、新しい戦略を本部に構築してもらいたいものである。

（※１）園田昌也「コンビニ閉店の裏側…ドミナントで家庭崩壊、オーナー失踪騒動」弁護士ドットコムニュース〈https://www.bengo4.com/c_5/n_9455/> accessed on 2020.5.17.〉

（※２）吉村治彦「コンビニ同チェーン、客奪い合い　限界…ローソン店主閉店を決断」朝日新聞２０２０年2月5日夕刊6面。

（※３）岡田悟「ファミマ澤田社長激白、加盟店の過度な負担「反省している」」ダイヤモンドオンライン<https://diamond.jp/articles/-/222617?page=5>

（※４）「ローソン／２０１９年度出店は純増ゼロ計画、低収益店舗の置き換え促進」流通ニュース２０１９年4月11日<https://www.ryutsuu.biz/store/l041146.html>

第4章　国はこの現状をどう見ているのか

加盟店オーナーは経営者といえるのか

「コンビニ加盟店オーナーは事業者（経営者）ですか、それとも労働者ですか？」と尋ねられた時、あなたはどちらだと答えるだろうか。

コンビニ加盟店オーナーは、自らの店舗を経営している。会社に雇われて働き、その報酬として給料を受け取っているサラリーマンとは違う。むしろ、コンビニ加盟店オーナーはアルバイト等を雇って給料を支払っている。すなわち、人から雇われる立場ではなくて、人を雇う立場である。だから、「コンビニ加盟店オーナーは事業者です」と考える人が多いのではないだろうか。

質問の趣旨をより理解してもらうために、もう一つ、別の質問もしよう。あなたがフランチャイズに加盟しようと考えていると仮定する。「あなたは、その本部である企業に雇用されるサラリーマン（労働者）になりたくて、フランチャイズに加盟しようと考えていますか、それとも、事業者（経営者）になりたくてフランチャイズに加盟しようと考えていますか？」と尋ねられた場合、どのように答えるだろうか。多くの人は、

「事業者になりたいからフランチャイズに加盟する」と答えるはずである。

実際、コンビニフランチャイズに加盟した人の多くは事業者になりたくて、フランチャイズに加盟している。だから、「コンビニ加盟店オーナーは労働者です」と言われると、違和感を覚える人は多いのではないだろうか。

しかし、「コンビニ加盟店オーナーは、本部に雇われた労働者です」と主張したコンビニ加盟店オーナー達がいた。2019年に命令書が交付された、厚生労働省の外局である労働委員会での出来事である。

オーナーが「本部に雇われた労働者」だと主張した理由

どうして、これらのコンビニ加盟店オーナー達は、労働委員会において、自らを労働者であると主張したのであろうか。彼らも事業者になろうとしていたはずだ。

背景には、コンビニ加盟店オーナー達は団体交渉権を欲していたという理由がある。

コンビニ加盟店オーナー達が団体交渉権を得るためには、労働委員会において、「コンビニ加盟店オーナーは労働者である」と認められる必要があったのだ。

最初に、労働委員会について説明をしておく。労働委員会とは、労働者と使用者（雇用者）の間の紛争解決をはかる権限を持つ行政委員会である。労働委員会は、都道府県労働委員会と中央労働委員会（中労委）に分かれる。裁判所における下級審にあたるのが都道府県労働委員会であり、最高裁にあたるのが中労委である。

この労働委員会において、コンビニ加盟店オーナーの団体であるコンビニ加盟店ユニオンとその下部組織であるファミリーマート加盟店ユニオン（以下、コンビニ加盟店ユニオン等とする）は、本部との団体交渉権を求めて争っていた。

このコンビニ加盟店ユニオン等が本部との団体交渉権を得るために必要なことこそ、労働委員会に「コンビニ加盟店オーナーは労働組合法（以下、労組法とする）上の労働者である」と認めてもらうことであった。

現在の日本の法律では、労組法上の労働者であると認められる以外に、強制力のある団体交渉権を獲得する方法はない。すなわち、労組法7条は、使用者が雇用する労働者の代表者と正当な理由なく団体交渉を拒絶することはできないと規定している。もし、使用者が団体交渉を拒絶すれば、不当労働行為となり、労働委員会の救済命令等を経て、使用者は罰せられる。

このようにコンビニ加盟店オーナーが労組法上の労働者と認められると、本部はコンビニ加盟店オーナー達との団体交渉を強制されることになるのである。だから、この団体交渉権を得るために、コンビニ加盟店オーナー達は「コンビニ加盟店オーナーは労働者である」と労働委員会において主張したのである。

なぜ団体交渉権が必要だったのか

次にコンビニ加盟店オーナー達が団体交渉権を欲した理由について説明しよう。団体交渉とは、労働者の団体である労働組合が使用者（会社の経営者など）と労働条件等を交渉することをいう。すでに述べた通り、労働者の場合、この団体交渉をすることは労組法で認められている。

コンビニ加盟店オーナー達も、労働者と同じように、本部と団体交渉をしたいと考えていた。コンビニ本部とコンビニ加盟店オーナーとを比べると、本部が加盟店に優越する地位にあることはこれまで本書で述べてきたことからも明らかである。

たとえば、セブン-イレブンジャパンの2019年2月期の営業利益は2450億8800万円である。この数字からもわかる通り、本部は押しも押されもせぬ日本を代表する大企業である。一方で多くの加盟店は、街の小規模事業者である場合がほとんどである。だからこそ、コンビニ加盟店オーナーは団結し、集団となって本部と交渉をする必要があった。

中労委は「労働者ではない」と判断した

しかし残念なことに、このコンビニ加盟店オーナー達の団体交渉権を得るという目的は、労働委員会において果たされずに終わった。中央労働委員会（中労委）において、コンビニ加盟店オーナーは労組法上の労働者ではないと判断されたためである。

都道府県労働委員会では、「コンビニ加盟店オーナーは労働者である」ということが認められ、コンビニ加盟店ユニオン等に団体交渉権が認められた（※1）。しかし、この判断を不服とする本部は、中労委での再審理を求めた。そして、2019年3月、中労委は、コンビニ加盟店オーナーを労組法上の労働者ではないと判断して、コンビニ加盟店ユニオンに団体交渉権を認めなかったのである（※2）。

なぜ、中労委はこのような判断をしたのだろうか。中労委は「加盟者は、独立した事業者であり、自身の小売事業の経営全体に関し、事業の形態や店舗数等に関する判断、また、日々の商品の仕入れの工夫や経費の支出等に関する判断や業務の差配によって、恒常的に独立した経営判断により利得する機会を有しているとともに、自らの行う小売事業の費用を負担し、その損失や利益の帰属主体となり、他人労働力等を活用して、自らリスクを引き受けて事業を行っているのであって、顕著な事業者性を備えているということができる」と述べ、コンビニ加盟店オーナーは、労働者ではなく事業者であると判断した（※3）。

コンビニ加盟店オーナーは、商品の発注を自らの判断でしているし、アルバイトを何人雇用するかも決めている。そして、実際にアルバイトを雇用して、経営判断が失敗したときのリスクを負いながら、コンビニ店舗を経営している。この点からすると、コンビニ加盟店オーナーはとても労働者とはいえず、むしろ、顕著な事業者性を持っている。だから、コンビニ加盟店オーナーは労働者ではなく事業者であると中労委は判断したのである。

日本のプロ野球選手は労働者？

「コンビニ加盟店オーナーは労働者である」と考える人は少ないことからしても、「コンビニ加盟店オーナーは事業者である」とした中労委の判断は、正しいと感じる人は多いかもしれない。

しかし、筆者はこれに対して、異論がある。その理由は、日本のプロ野球選手は労組法上の労働者であり、プロ野球選手会は労働組合として認められているからである。

日本のサラリーマンの平均年収は約４４１万円である。これに対して、プロ野球選手の最低年俸は、一軍選手が１５００万円、二軍選手が４４０万円、育成選手が２４０万円である。したがって、日本のサラリーマン以上の収入を得ている選手が多い。しかも、プロ野球選手の中には、年俸数億円の選手もいるし、個人で専属のスタッフを雇っている選手もいる。このようなプロ野球選手は、労働者というよりは個人事業主である。それなのに、プロ野球選手は労組法上の労働者である。

では、プロ野球選手達は、自分たちが労働者だと認められたいのであろうか。決してそうではない。プロ野球選手達は、個別ではなく選手会として団結して、各球団と団体交渉したいと考えていたのである。団体交渉権を手に入れようとしたプロ野球選手達は、労組法上の労働者として認められる道を選び、最終的に、1985年に東京都労働委員会によって労組法上の労働者として認められた。

コンビニ加盟店オーナーも同じである。コンビニ加盟店オーナー達が「コンビニ加盟店オーナーは労働者である」と主張した理由は、労働者として認められたいからではなく、団体交渉権が欲しかったからである。コンビニ加盟店オーナー達が団結して、コンビニ問題について本部と団体交渉をしたかっただけなのである。そうだとするならば、労働委員会は、コンビニ加盟店オーナー達も労組法上の労働者と認めて、コンビニ加盟店ユニオンに団体交渉権を与えても良かったのではないだろうか。

しかし、このコンビニ加盟店ユニオンの想いは中労委によって打ち砕かれた。2020年現在、コンビニ加盟店ユニオンとその下部組織のファミリーマート加盟店ユニオンは、今回の中労委の命令を不服として行政訴訟を行っており、東京地裁で係争中である。

中労委の付言

なお、今回の中労委の命令書には付言がついている。中労委は、今回の命令において「本件における加盟者は、労組法による保護を受けられる労働者には当たらないが、会社との交渉力格差が存在することは否定できないことに鑑みると、その格差に基づいて生じる問題については、労組法上の団体交渉という法的な位置付けを持たないものであっても、適切な問題解決の仕組みの構築やそれに向けた当事者の取組み、とりわけ、会社側における配慮が望まれる」と述べている。

中労委は、コンビニ加盟店オーナーを労組法上の労働者とすることはできないとしつつも、加盟店と本部の交渉力格差があることを認めている。そして、中労委はこの格差を是正し、コンビニ問題を解決する仕組みがないことを認めているのである。

さらに、中労委は、コンビニ加盟店と本部の問題解決については、「交渉力格差は、使用者と労働者との間の交渉力格差というよりはむしろ、経済法等のもとでの問題解決が想定される、事業者間における交渉力格差とみるべきものである」と述べて、独占禁止法(以下、独禁法)などの経済法によるコンビニ加盟店と本部との間に生じるコンビニ問題解決を提案している(※4)。

公正取引委員会の動き

独禁法を運用する行政委員会である公正取引委員会(以下、公取委)もコンビニ問題に対して動きをみせている。2019年に公取委はコンビニ加盟店の実態調査を行うことを発表し、同年10月から実態調査は実施された。

だが、公取委によってコンビニ問題が解決されるかといえば、筆者は難しいと答えるしかない。実際、公取委はコンビニ加盟店が抱える問題を把握しておきながら、有効な処分を下していないからである。

実は、公取委は2011年にも実態調査を行い、報告書をまとめていた。この報告書によれば、公取委は「独禁法違反となる本部による加盟店への見切り販売制限」の実態を把握している。しかし、第2章でも触れたが、未だに本部は見切り販売に対して否定的なことを加盟店オーナーに対して述べているという。要するに、公取委は本部による見切り販売制限の実態を把握しておきながら、本部へ有効な処分を下していないのである。

なぜ、公取委は有効な処分を下せないのであろうか。2019年以降に起きた公取委の動きを紹介しつつ、この点について、解説をしよう。

公正取引委員会によるコンビニ加盟店実態調査

2019年4月16日の参議院経済産業委員会において、辰巳孝太郎参議院議員が「コンビニで24時間営業を本部が強制する契約は独禁法上の優越的地位の濫用に当たらないか」という質問をしたところ、公取委委員長の杉本和行氏は、そのような強制が行われた場合は、フランチャイズ契約が優越的地位の濫用に当たる可能性がある旨を答弁した（※5）。

そして、同年4月24日の公取委事務総長定例会見において、山田昭典事務総長は「契約期間中に事業環境が大きく変化したことに伴って、コンビニ加盟店オーナーが優越的地位にある本部に対して、契約内容の見直しを求めたにもかかわらず、その優越的地位にある者が見直しを一方的に拒絶することは、独禁法で禁止されている優越的地位の濫用に当たる可能性は排除できない」と述べている（※6）。山田事務総長の発言によれば、事業環境の変化があった場合には、コンビニ加盟店オーナーは契約の見直しを求めることができ、もし本部がこの契約の見直しを拒絶すれば、独禁法違反（優越的地位の濫用）となる可能性があるということを公取委は認めたのである。

そして、同年9月の記者懇談会において公取委の杉本委員長は、本部による独禁法上の問題行為がないかを調査するべく、コンビニ加盟店に対して実態調査を行うことを定例会見にて明言し、２０１９年2月よりコンビニ加盟店の実態調査が始まった。
杉本委員長の説明では、調査のポイントは以下の４点となる。
①加盟店募集時にドミナント出店が行われていることを丁寧に説明しているかなど契約締結時に加盟店が適正な判断をしていくための情報が十分に開示しているか
②本部の指定する者としか取引させないという取引先の制限に係る問題
③見切り販売の制限
④24時間営業等に関する本部の対応状況
この実態調査では、加盟店がＷＥＢアンケート方式で答える形式が取られているが、驚くべきことにこの実態調査は、質問が93問、更問が36もあり、最大１２９の問いに加盟店が答えることになっている。これだけ質問が多いということは、上記の４ポイントについて、詳細な実態調査を行われることを意味している。この結果は、２０２０年９月に公表された。。

本部に怯えて見切り販売ができない

過去の公取委の実態調査によって、何か変わったことはあったのだろうか。2011年の実態調査の場合を見てみよう。

2011年の実態調査は、2009年に見切り販売制限を行ったセブン-イレブン本部に対する排除措置命令が出されたことをきっかけに行われた。すなわち、コンビニ本部が、加盟店に優越する地位を濫用して、見切り販売の制限を行っていないかについて調査が行われたのである。この2011年実態調査で劇的な変化が起きたかといえば、残念ながらそうではない。

たしかに2009年に見切り販売制限を行ったセブン-イレブン本部に対して排除措置命令が出されて以来、本部が加盟店に対して、露骨に見切り販売を禁止あるいは制限することはなくなっていた。しかし、見切り販売制限を行ったセブン-イレブン・ジャパンに対する公取委の排除措置命令以降も、本部の指導員から「加盟店が見切り販売を行うことを推奨はしない」と言われた加盟店は少なからず存在していると、あるコンビニ加盟店オーナーは筆者に教えてくれた。

この時の実態調査によれば、コンビニ加盟店のうち、「本部から推奨された価格とは異なる価格で販売することもある」と回答した加盟店は54・1％であり、そのうち、「廃棄リスクを回避するために見切り販売を行ったことがある」との回答は89・8％に上った。

さらに、「見切り販売をしたことがある」と回答した加盟店に対し、本部から推奨された販売価格とは異なる価格で商品を販売したとき、又は販売しようとしたときの本部の対応について質問したところ、コンビニでは、「推奨価格で販売するよう指導された」との回答が13・4％、「原価全額が加盟店の負担となる仕組みであるのに、見切り販売をしないよう指導された」との回答が11・9％、「その他不利益な取扱いがあった又は不利益な取扱いをする旨示唆された」との回答が7・0％であった。

また、「その他不利益な取扱いがあった又は不利益な取扱いをする旨示唆された」と回答した加盟店に対し、本部からどのような不利益な取扱いがあったか又は示唆されたかについて質問したところ、「契約更新の拒絶」との回答が52・3％、「契約の解消」との回答が38・6％であった。

このように2009年の排除措置命令以降も少なからず、本部は見切り販売をやめるように加盟店に求めている実態があることがわかるし、2011年実態調査によって、公取委はこの事実を把握していたのである。

別の調査である2014年の野村総合研究所の調査「経済産業省コンビニエンスストアの経済・社会的役割研究会　第4回研究会　説明資料・データ集」によれば、実際に排除措置命令以降の2014年において、見切り販売を行っているのは、22・1％だけであり、見切り販売を「必要と感じている」ものの「実施していない」ことについて、「本部が不利益な対応を示唆する」と感じている加盟者は7・0％存在する。このように2014年の野村総合研究所の調査でも、公取委の2011年実態調査とほぼ同じ結果となっている。

公正取引委員会の役割と限界

２０１１年に行われた実態調査後の対応として、公取委は①日本フランチャイズチェーン協会に自主的な取り組みを要請し、②本部や本部の経営指導員に講習会を実施するなど問題行為の未然防止に努める、③取引実態及び本部の加盟店に対する問題行為の把握に努め、独禁法に違反する行為があった場合にのみ厳正に対処するとしている。

要するに、今後、本部が独禁法違反に該当する行為を行った場合のみ厳正に対処すると公取委は述べただけである。

このことからわかる通り、２０１１年の公取委の実態調査は、本部に対して何らかの処分を行うことを前提に行われたものではなく、２０２０年の実態調査においても同様であり、独禁法違反の行為が明らかになった場合はともかく、これをもとに本部が公取委から何らかの処分を受ける可能性は低いと言える。

一体なぜ、公取委はコンビニ加盟店の実態調査をしておきながら、放置することしかできないのであろうか。この理由は、公取委が行う実態調査とは文字通りの意味で、公取委が本部と加盟店の取引実態を把握するために調査を行うことを目的としているからである。実態調査とは、公取委が何かしらの命令を出すことを前提に行われるものでは決してないのだ。

そもそも、公取委とは、独禁法に違反するような反競争的行為を取り締まる行政委員会であって、コンビニ加盟店などの小規模事業者を守る行政委員会ではないのである。すなわち、公取委は、カルテルなど市場において公正な競争が行われないようにする行為を取り締まることを目的とする委員会であり、市場で公正な競争が行われていれば、本部が加盟店に何をしたとしても取り締まることができないのである。この点に公取委の限界がある。

「推奨しない」は独禁法に触れない

公取委は、フランチャイズ契約については本部と加盟者の取引において、どのような行為が独禁法上問題となるかについて具体的に明らかにし、本部の独禁法違反行為の未然防止とその適切な事業活動の展開に役立てるために、「フランチャイズ・システムに関する独占禁止法上の考え方について」(昭和58年9月20日公正取引委員会事務局)というガイドラインを策定・公表している。

このガイドラインを見ると、本部が優越的地位の濫用を行った場合などについては、本部を処分することを否定はしていないし、本部による優越的地位の濫用を許す考えを持っていないことは明らかである。

そのため、本部が加盟店に見切り販売を禁止することは、本部による優越的地位の濫用となり許されない。たとえば、本部が「ある商品を100円で売れ、決して値下げ販売をするな」と全加盟店に強制することは、加盟店間の価格競争を阻害することになり、反競争的行為となる。したがって、本部による見切り販売制限は、優越的地位の濫用となり独禁法違反である。

一方で、独禁法に違反するレベルの行為、すなわち市場での自由な競争が阻害されるレベルの行為が本部によって行われていなければ、たとえ本部が加盟店に何かをして、その結果、加盟店が苦しんでいたとしても、公取委は手が出せないのである。

たとえば、本部は加盟店に対して、「見切り販売をやめろ」とは言わずに「見切り販売をお勧めしません」と言い換えた場合のように「禁止・制限」ではなく「推奨しない」という表現では、本部による優越的地位の濫用とはいえないのである。このような場合には、公取委は本部に対して手が出せないのである。

しかし、実際には、本部は加盟店に対して優越的な地位にあることは明白であり、加盟店が本部に逆らうことは事実上不可能である。すでに述べたとおり、本部は、加盟店との契約期間が満了する際に、契約の更新をするかどうかの決定権を持っている。このため、「本部の嫌がる見切り販売を行えば、契約の更新をしてもらえないのではないか」と、加盟店は考えてしまっている。このように契約の更新拒絶に怯える加盟店が見切り販売をすることなど、できるわけがないのである。

裁判所もそのような実態があることを認めている。東京高裁平成25年8月30日判決（判例時報2209号10頁）では、「本部が見切り販売を行うことにより契約の更新ができなくなるとの不利益が生ずることを申し向けて、加盟店が見切り販売の取りやめを余儀なくさせている」との事実が認定されている。このように「本部が契約の更新拒絶をちらつかせて、加盟店に見切り販売の制限を行っていることがある」ことは、裁判所も認めた本当に起きている事実なのである。

このようなことを考えれば、公取委には、もう少し踏み込んで実態調査を見てほしいと考えるが、やはり限界があるのであろう。

2020年実態調査報告書

2020年9月に公表された実態調査報告書では、さらに加盟店が深刻な状態になっていることが浮き彫りとなった。

2020年実体報告書は、コンビニ加盟店収入の中央値が発表されているが、その額は、586万円である。5会計年度前と比べると、192万円も収入が減っている。

そして、加盟店オーナーの資産額については、債務超過状態が17・3％、500万円未満が43・5％である。これらは、コンビニ加盟店が置かれている状況が年々厳しくなっていることを物語っている。実際、2010年と比べると2019年のコンビニ加盟店の倒産等は3・5倍に増えているようである。

しかも、2020年実態調査報告書によると、コンビニ加盟店オーナーの1週間あたりの平均店頭業務は6・3日、毎月の平均休暇は約1・8日である。さらに62・6%の加盟店オーナーは週7日働き、年間の休暇10日以下のコンビニ加盟店オーナーは63・2%であるという実態も明らかとなった。

コンビニ加盟店オーナーはほとんど休みが取れないまま働いているにもかかわらず、収入は減る一方で、たいした貯蓄ができないどころか、債務超過に陥っている人すらいるのである。

この実態調査を踏まえ、公取委は加盟店保護の視点に立ち、独禁法の運用を変えると宣言した。

まず、年中無休24時間営業については、今まで公取委は独禁法違反とはならないとしていた。しかし、本部が時短営業を容認する姿勢を示しているにもかかわらず、24時間営業をやめたい旨を本部に伝えている加盟店オーナーの8・7%が交渉にすら応じていない実態が明らかになったため、本部が時短営業を一方的に拒絶した場合には独禁法違反となるとした。

ドミナント出店（近隣出店）についても、公取委は今まで独禁法違反にはならないと判断してきたが、「加盟店店舗の周辺地域に新規出店を行う場合には、本部は加盟店に何らかの配慮を行う」と説明して加盟店を勧誘する本部が多いことから、「本部は加盟店に配慮するつもりがないにもかかわらず、契約締結時に本部が加盟店に配慮すると説明した場合」や「本部は何らかの支援を行うと加盟店に約束しているのに、それを一切しない場合」は独禁法違反となるというようにその運用を変更している。

今回の実態調査はかなり踏み込んでいる印象はある。しかし、年中無休24時間営業については、本部と加盟店との交渉の結果、本部が時間営業を許可しなかった場合には独禁法違反にはならないし、ドミナント出店についても、第三章で示した通り、加盟店の売上回復とはならない支援であっても、本部は配慮したことになるという点は何も変わっていない。これらの点からすると、やはり公取委の実態調査には限界を感じざるをえない。

新たなコンビニのあり方検討会報告書

もうひとつ触れておきたいのが、経産省もコンビニ問題解決に対して、取り組みを行っているということである。

経産省は、２０１９年に新たなコンビニのあり方検討会を発足させ、２０２０年に提言を取りまとめた報告書「新たなコンビニのあり方検討会報告書～令和の時代におけるコンビニの革新に向けて～」(以下、２０２０年報告書）を発表した。

この２０２０年報告書は、「加盟店に営業時間の裁量を与える」、「加盟店支援の強化」、「利益配分の見直し」、「オーナーとの対話強化」などを本部に求める提言を行っている。

もし、これが本当に実現できれば、コンビニ問題の多くは解決してしまうのではないかというような画期的な提言である。

このような報告書を経産省が取りまとめた理由は、コンビニの24時間営業の見直しを求めた２０１９年2月の松本さんの事件をきっかけに、コンビニ加盟店オーナーのあまりにも疲弊している実態が各メディアで報道され、世論がこの解決を望んだことにあると思われる。しかし、これ以外に、もう一つ大きな理由がある。

実は、経産省は２０１４年にもコンビニエンスストアの経済・社会的役割研究会を発足し、２０１５年に「コンビニエンスストアの経済・社会的役割に関する調査報告書」（以下、２０１５年報告書）を発表していた。この報告書において、経産省は、コンビニはもはや単なる小売店舗ではなく「社会インフラ」であると述べていた。

しかし、経産省はコンビニを社会インフラであると位置付けたはいいが、現在、この社会インフラであるコンビニが崩壊の危機に瀕してしまっている。だから、経産省は、このコンビニをなんとか維持しなければならないといった危機感を持った。そこで、経産省は、このような画期的な提言をまとめたのである。

従って、経産省の２０２０年報告書を理解するためには、２０１５年報告書の内容について知る必要がある。そこで、まずは、２０１５年報告書について話をしよう。

コンビニは「社会インフラ」である

2015年報告書の最大の特徴は、コンビニはもはや単なる小売店舗ではなく「社会インフラ」であるとされた点にある。

社会インフラとは、学校や病院などの公共性の高い施設や設備、すなわち、国民の社会生活を支えるためのサービスを提供する施設や設備のことである。コンビニが社会インフラであるということは、コンビニは学校や病院と同じような公共性の高い施設であり、国民の社会生活を支えるためのサービスを提供しているということになる。

2015年報告書には、「今後、経済の活性化、地域コミュニティの維持・充実、環境問題への対応など、我が国が抱える課題に対処していく上でも、コンビニエンスストアに対して、流通の一形態としての位置付けを越えて、様々な役割を担うことが期待されている」と書かれていた。

すなわち、コンビニは社会インフラであり、経済の活性化、地域コミュニティの維持・充実、環境問題への対応など日本が抱える諸課題を解決する日本の救世主になっているということを、この報告書は述べていたのである。

オーナーにとっては寝耳に水

「社会インフラ」という単語は、コンビニ加盟店オーナーに大きなインパクトを持って受け止められた。コンビニがこのような役割を期待されているなど、コンビニ加盟店オーナーたちにとっては、寝耳に水の話であったからである。２０１５年当時、コンビニ加盟店オーナーたちは、公共施設で働き、国民の社会生活を支えるためのサービスを提供していると考えてなど全くいなかった。

そもそも、コンビニの多くは小規模事業者が営利目的で営む小売商店である。だから、コンビニで収益を得て生活をするために働いているのであり、別に日本国民の社会生活を支えるためのサービスを提供することを目的に働いているのではなかった。仮にそのようなサービスを提供していたとしても、それは利益を得るためであった。

それなのに、ある日突然、コンビニは国民の生活を支える社会インフラとされてしまったのである。

困惑する加盟店

この2015年報告書の「コンビニは社会インフラである」という言葉は、さらに加盟店達を困らせる状況を引き起こした。それは、「インフラ」という言葉がひとり歩きして、国民のコンビニに対する過剰なサービスの要求を生み出していったからである。

すなわち、コンビニは社会インフラであるから、「住民票の発行サービスがあって当然」「収納代行サービスがあって当然」と誰しもが考えるようになってしまった。そして、サービスの要求はこれだけにとどまらず、「24時間営業していて当然」、「トイレが使えて当然」など、コンビニであらゆるサービスが受けられて当然という意識を日本の国民に植え付けてしまったように思える。実際、「コンビニに行けば、何だってできる」と思ってしまっている人は少なくないのではないだろうか。

しかし、加盟店オーナーは、これによって得られたものは困惑と苦労だけであった。

コンビニの業務は、どんどん増えていき、多種多様かつ複雑となってしまった。コンビニの仕事は難しいという理由から、アルバイト先として敬遠されてしまって、アルバイトの採用が困難になるだけでなく、定着率も悪くなってしまっている。

これにより、コンビニ加盟店オーナーがシフトを埋めざるを得ず、コンビニ加盟店オーナーの労働時間を増やす原因の一つとなってしまっているのである。

何度も繰り返すが、コンビニ加盟店オーナーの多くは、営利目的でコンビニ店舗を経営している小規模事業者である。小規模事業者であるがゆえに、儲からないサービスはやめたいと考えるわけである。しかし、多種多様なサービスがどんどん増えていく。だから、このような「コンビニは社会インフラである」という状況は、必ずしもコンビニ加盟店オーナーにとって喜ばしい状況ではないのである。

一方で、本部は、「コンビニは社会インフラである」という地位やイメージを保ちたいと考える。このために、本部はコンビニ加盟店オーナーが儲からないサービスでも、社会インフラとしてのコンビニの果たす役割であるとして、加盟店に押しつけていった。営利目的の小規模事業者であるにもかかわらず、労働時間を増やすだけの儲からないサービスを強制されるという、誠に不可思議と言わざるを得ない状況に陥ってしまったのはこのためである。

現場が「インフラ」を維持できない

当然、コンビニ加盟店オーナーが、決して心底望んでいるわけではない「コンビニは社会インフラである」ことを押し付けることには無理があった。「コンビニは社会インフラである」ことを維持するには、コンビニ加盟店オーナー達が置かれている状況があまりにも過酷だったからである。

2018年に同じ経産省が行った調査結果（第2章参照）が示す通り、コンビニ加盟店オーナーたちは疲弊してしまっていた。営利目的の小規模事業者であるコンビニ加盟店オーナーたちが、利益を度外視して「社会インフラ」としてのサービスを続けるためには、コンビニ店舗の経営で十分な収益を得られていなければできないことである。

衣食足りて礼節を知るという言葉がある通り、人は誰でも、まずは自分の生活ができるようになって初めて、他人の生活のことを考えることができるものである。他人の生活のことを考える余裕を与えずに、「社会インフラ」としての役割を押し付けても、これを維持できるわけがなかった。

ところが経産省は、「コンビニは社会インフラである」と高らかにうたったために、これを維持したいと考えた。そこで、経産省は2019年に、このコンビニが社会インフラとしての役割を維持するには、何が必要なのかを検討するべく「新たなコンビニのあり方検討会」を発足し、2020年に報告書を取りまとめたのである。

本部による行動計画策定

それでは、この経産省の動きは、コンビニ問題の解決につながるとみて良いのであろうか。

筆者は、「この報告書によってコンビニ問題は解決される」ことを期待はするものの、そうなるとは断言はできない。この断言できない理由は、この報告書には法的拘束力はなく、経産省は、本部にこの報告書の内容を強制することができないからである。このことを念頭に置きつつ、2019年に起きた経産省の動きを解説する。

2019年4月に世耕弘成経産相はコンビニ本部各社との意見交換会を実施し、加盟店の人手不足対策などについての行動計画を策定するようコンビニ本部各社に求めた。

この要請を受け、同年4月にコンビニ本部各社は行動計画を発表したが、この行動計画が出された翌日、世耕経産相は閣議後の記者会見において、次のように述べた。「昨日、公表された行動計画は、コンビニ本部各社とも置かれた事業環境や経営方針は異なっているわけではありますけれども、それぞれの本部が、オーナーと共存共栄のための自主的な取組を取りまとめて、オーナーへのメッセージとして打ち出されたものであります。オーナーとの共存共栄に向けた取組が、一歩前進したという形で受け止めております」「しかし、重要なのはこれからでありまして、本部がオーナーに対して、この行動計画の内容を十分に説明して、オーナーの理解を得ながら進めていくということが重要だと思っております。この行動計画を立てて終わりではなくて、オーナーとコミュニケーションする中で、更に必要があれば、行動計画を追加したり変えたりするという柔軟性も重要だと思っております」

「各コンビニの本部には、行動計画の打ち出しをスタートとして、オーナーとの共存共栄のためのコミュニケーションを深めていっていただきたいと思っています。経産省としても、今後、オーナーやユーザーなど幅広い関係者から話を聞くとともに、コンビニ本部各社の行動計画のフォローアップ調査も行ってまいりたいと思っています」

そして、この記者会見の後、世耕大臣の肝煎で、経産省において「新たなコンビニのあり方検討会」が設置されることになった。2019年6月に発足した新たなコンビニのあり方検討会（以下、検討会）の委員に選ばれたのは、大学教授などいわゆる有識者の16名の委員である。検討会は、計5回にわたって会議を開催するだけでなく、8月にコンビニ加盟店オーナーヒアリングを行い、11月にはコンビニ本部ヒアリングを行って、2020年2月に報告書を発表した。

では、この検討会はどのような報告書を取りまとめたのであろうか。2015年の報告書では「コンビニは社会インフラである」と位置付けられたことが最重要のポイントであった。2020年報告書では、コンビニはどのようなものとしてとらえられているだろうか。

２０２０年報告書ではコンビニを取り巻く環境が大きく変化しているという認識が示されている。そして、コンビニを維持するためには何が必要かといった提言がなされているという点が２０１５年報告書との大きな違いである。

すなわち、２０２０年報告書は、この環境変化に対応し、コンビニを維持するためにビジネスモデルを再構築しなければならないといった危機感が示されていること、そして、この危機感のもと、「コンビニの目指すべき方向性とビジネスの再構築」として、何点かの提言がなされているといった点が特徴である。以下、この提言の詳細を見ていく。

提言の内容

まず、提言の前提として２０２０年報告書は「コンビニを取り巻く環境変化により、フランチャイズパッケージの下で、本部と加盟店の双方がメリットを享受する好循環が目詰まりしている」という認識のもと「こうした状況を改善してコンビニが持続するためのビジネスモデルを再構築し、コンビニが引き続き成長していくために何をすべきか、目指すべき方向性を提示」するとしている。

この前提に立ち、報告書は、次のような提言を行っている。

(1) 店舗運営に関する加盟店の裁量を増やす

報告書の提言の一つ目は「提供するサービス」「営業時間と休業日などを加盟店の判断」で決められるようにすべきとの提言である。

すなわち、加盟店のオペレーションについて一律の対応を見直し、店舗の置かれた環境に応じて提供サービスを取捨選択するなど柔軟な経営を認めることによりオーナー負担を軽減することを報告書は求めている。

また、24時間365日営業については、全店舗が一律に24時間営業を行うのではなく、経営環境や地域社会の需要・認識の変化を踏まえたあり方を検討すべきであるとし、休日についても、店舗の事情に応じて柔軟に認めることを検討すべきであるとしている。

（2）加盟店支援の強化とフランチャイズへの加盟メリットの可視化

二つ目の提言は、本部と加盟店の役割を見直し、加盟店の直面する課題へのサポートを強化していくことが重要であるとし、既存店の競争力強化に軸足を移すべきであるとしている。報告書が特に求めているのは、人手不足に対応するための人材支援の強化である。

報告書は「売上や生産性の向上のための商品・サービス力強化や本部・加盟店の従業員に対する研修充実、技術を活用した省人化への投資、データに基づく経営指導などに引き続き取り組むことが重要」であるとし、人材確保・定着については、「一般従業員のみならずオーナー・店長をサポートできる人材も含め、支援を強化すべき」であると述べている。

「加盟店メリットの可視化」については、コンビニのあり方検討会が行った加盟店ヒアリングの結果を見てもあきらかであるが、加盟店の多くは疲弊している。この結果、加盟店は、何のためにフランチャイズに加盟したか、分からなくなっていると検討会は判断している。

そこで、フランチャイズの不満を解消するために、フランチャイズに加盟するから、あるいはフランチャイズに加盟したから、このようなメリットを享受できているということを加盟店が実感できるように目に見える形で示すことを本部に求めている。

具体的には、加盟店の直面する課題へのサポートとして、データに基づく経営指導などの支援を行うこと、そして、そのロイヤルティへの対価として本部が提供する支援については、バランスの観点や支援内容に関するデータの共有などにより加盟店の納得感を高めることが必要であるとしている。

（3）利益、コスト、リスク配分の見直し

三つ目の提言は、住民票発行等の公共サービス提供、公共料金の収納代行等のコスト配分、食品ロスに対する利益・コスト・リスク配分の見直しをすべきとの提言である。

コンビニが社会インフラであるとされた役割の一つである住民票発行等の公共サービス提供、公共料金の収納代行等については、店舗の負担感を踏まえたコスト配分、手数料水準等の検討が必要であるとしている。

その他にも、報告書は、「食品ロスといった社会課題の解決に当たっては、本部と加盟店の間でのコストやリスクの分担の観点からも検討すべき」、「ロイヤルティへの対価として本部が提供する支援については、バランスの観点や支援内容に関するデータの共有などにより加盟店の納得感を高めるとともに、その算定について、環境変化に応じた利益・コストやリスクの分担を勘案するとともに、その考え方についても、適切に情報共有を行うべき」として、利益、コスト、リスクの本部と加盟店の分担を再検討することを求めている。

（4）オーナーとの対話の強化

四つ目の提言は、オーナーとの対話を強化して本部が加盟店の声を吸い上げる仕組みの構築を、報告書は求めている。さらに、本部と加盟店に意見の相違が生じた場合、相談する相手がいないという問題も指摘されている。

各本部において独立した相談受付の仕組みを設けることはもちろん、中立的な相談窓口や、実効性ある裁判外紛争解決手続き（ＡＤＲ）の枠組みを業界で整備することも検討すべきである。報告書では、オーナーへの相談受付の設置だけでなく、裁判外紛争解決手続きの設置までも検討するように提言されている。

ビジネスモデルの再構築はできるか

２０２０年報告書は、上記の内容を実現することによって、「加盟店優先・オーナー重視という視点」に立って、コンビニの「ビジネスモデルの再構築」を果たすことを求めている。具体的には、「「統一」からより「多様性」を重視するフランチャイズモデルへの転換」である。

そして、これらの提言をどのように実現していくかについて、２０２０年報告書は次のような形で施策の実行・フォローアップをしていくと述べている。

コンビニ本部に対しては、行動計画をたて、これをＰＤＣＡ（計画→実行→評価→改善）サイクルで回し、確実に実行していくことを求め、また、政府に対しては、各社の取り組みの進捗についてフォローアップを行うことを求めている。

もし、このような取り組みが実現できれば、大変素晴らしいことである。「社会インフラ」としてのコンビニを現場で支えているのは、間違いなくコンビニ加盟店オーナー達である。このコンビニ加盟店オーナー達が生活に必要な収益を得られるようになり、コンビニ加盟店オーナーになって良かったと心から思えるようにならなければ、コンビニが社会インフラであり続けることは不可能だからである。

小規模事業者がほとんどのコンビニ加盟店に「社会インフラ」としての機能を担わせるのであるならば、国の支援が必要であることはいうまでもない。したがって、国が主導して、これらの提言が確実に実現できるようにしていかなければならない。

しかしながら、すでに述べた通り、一点、気がかりなことがある。経産省は本部にこれらを強制することはできないという点である。本部がこの報告書の内容に従う法律上の義務はないのである。

すなわち、経産省は、本部に対して行政指導を行うことはできるが、本部はこれに従わなければならない法律上の義務があるわけではない。行政指導は本部に対する事実上の圧力になる可能性は高いが、あくまでこれは「事実上の」圧力であり、強制力があるわけではない。この点に、限界がある。

国の動きは問題解決につながるか

中労委の決定により、コンビニ加盟店オーナー団体は本部と団体交渉をする道を絶たれた（コンビニ加盟店ユニオンは東京地裁に行政訴訟をし、現在、係争中ではあるが）。コンビニ加盟店オーナー達は団結し、話し合いで本部と問題解決を図ることはできないままでいる。この点は非常に問題である。

なぜなら、紛争解決は当事者の話し合いで解決することがもっとも好ましいからである。ここで、「敵対する相手との紛争に裁判で勝利した」ことを想像してもらいたい。裁判で勝利すれば、自分の正当性が認められて、紛争相手から損害賠償等を得られるかもしれない。

しかし、自分の主張が正しいと認めてもらったところで、敵になってしまった相手との信頼関係はどうなってしまうだろうか。さらにいえば、お互いに恨みを残したまま、その相手と今後もビジネスパートナーとして上手くやっていくことはできるだろうか。信頼関係は破壊されるに決まっているし、ビジネスパートナーどころか二度と顔も見たくない相手になるに決まっている。

だから、後腐れなく、話し合いで問題解決をすることが大事なのである。この方がより優れた紛争解決方法であることは言うまでもないだろう。従って、コンビニ加盟店オーナー団体に団体交渉権は認められて然るべきであった。

国はコンビニ問題を解決するために、努力をしていることは確かなのであるが、決め手がなく、もの足りないのが現状である。要するに、限界があるなかで、試行錯誤が行われており、決定打がないのである。やはり、加盟店保護の視点でコンビニ問題を解決する強力な武器が必要だと思われる。

それでは、コンビニ問題を解決し、加盟店の苦境を救うために、いったい何が必要なのであろうか。それは、加盟店を保護し、本部と加盟店の共存共栄を実現する「フランチャイズ法」が必要であると筆者は考える。

（※１）セブン-イレブン・ジャパン事件・岡山県労委決平26年3月13日別冊中労時１４６１号１頁（２０１４年）、ファミリーマート事件・東京都労委決平27年3月17日別冊中労時１４８８号１頁（２０１５年）。

（※２）中央労働委員会「セブン-イレブン・ジャパン不当労働行為再審査事件（平成26年（不再）第21号）命令書」。中央労働委員会「ファミリーマート不当労働行為再審査事件（平成27年（不再）第13号）命令書」。

（※３）中央労働委員会「セブン-イレブン・ジャパン不当労働行為再審査事件（平成26年（不再）第21号）命令書」１３３頁以下。なお、中央労働委員会「ファミリーマート不当労働行為再審査事件（平成27年（不再）第13号）命令書」１２９頁以下においては、「加盟者は、独立した小売事業者であるところ、自身の小売事業の経営全体に関し、法人化、契約形態、店舗数等に関する経営判断、また、日々の商品の仕入れの工夫や経費の支出等に関する判断や業務の差配によって、恒常的に独立した経営判断により利得する機会を有しているとともに、自らの行う小売事業の費用を負担し、その損失や利益の帰属主体となり、補助的な範囲のものにとどまらない他人労働力等を活用して、自らリスクを引き受けて事業を行っているのであって、顕著な事業者性を備えているということができる。」と判断している。

（※４）中央労働委員会「セブン-イレブン・ジャパン不当労働行為再審査事件（平成26年（不再）第21号）命令書」１３４頁。中央労働委員会「ファミリーマート不当労働行為再審査事件（平成27年（不再）第13号）命令書」１３０頁。

（※５）「独禁法違反ありうる　コンビニ契約辰巳氏に公取委委員長参院経産委員会」しんぶん赤旗２０１９年4月17日<https://www.jcp.or.jp/akahata/aik19/2019-04-17/2019041715_01_1.html> accessed on 2019.5.5.

（※６）２０１９年４月24日公正取引委員会事務総長定例会見< https://www.jftc.go.jp/houdou/teirei/2019/apr_jun/kaikenkiroku190424.html> accessed on 2019.5.5.

第5章　本来あるべきフランチャイズの姿

「フランチャイズ法」は珍しくない

第4章で述べた通り、現状の国の対策では限界がある。だから、この限界を乗り越える決定的な手段が必要である。そして、その手段とは「フランチャイズ法」であると筆者は考える。この法律によって加盟店を保護し、本部と加盟店の共存共栄を実現するべきである。

世界を見渡してみても、フランチャイズ法のある国は決して珍しくない。アメリカ合衆国及びその各州、オーストラリア、韓国、インドネシア、マレーシア、ベトナムなど多くの国にフランチャイズ法はある。コンビニをはじめとするフランチャイズの問題を解決するには、フランチャイズの問題に特化した法律が必要なのだ。むしろ、これだけフランチャイズが発展している日本にフランチャイズ法がないことの方が異常である。

そこで、これから、日本にフランチャイズ法ができるとした場合、日本のフランチャイズ法には、どのような内容を盛り込むべきであろうか。本章では、この点について、筆者の考えを述べたい。

契約締結前の情報提供義務・誠実な説明義務

契約前に本部から「この場所に出店すれば、毎日の売上は100万円を超えることは間違いない」と言われて出店したのに、実際の売上は、毎日10万円以下だった。

契約前は、「必ず儲かる」という話ばかり本部から聞かされていたのに、店が繁盛したと思ったら、同一チェーンの店舗が近隣出店してきた。本部に文句を言ったら、本部はいつでも自由に出店できると契約に書いてあると言われた。契約を結ぶ前には、本部はこのことに全く触れず、景気の良い話ばかりをしていた。まさか、こんな契約になっているとは思いもしなかった――。

実際にこのような事件は、コンビニに限らず、多くのフランチャイズで起きている。そこで、契約締結前の段階、すなわち、フランチャイズに加盟するための契約を結ぶために、加盟店が本部と契約の交渉をしている段階を規律するルールが必要である。

この段階でもっとも重要なことは

・本部は加盟店が契約を締結するかどうかを判断するために必要な情報を提供すること

・本部は、その情報を加盟店が正確に理解できるように誠実に説明すること

という二つの義務を本部に課すことが必要である。

本部と加盟店間には情報力に格差があることは明らかである。だから、本部に加盟店が契約を締結するかどうかを判断するために必要な情報を提供する必要がある。

また、いくら情報が提供されたとしても、加盟店になろうとする者がその情報を理解できなければならない。本部から提供された情報が、加盟店にとって、単に難しい文字と数字が羅列しているだけの書類になってしまったら、意味がないからである。したがって、本部が加盟店に提供した情報を正確に理解できるように、本部には誠実に説明する義務を課すべきである。

もっとも、現在、小売と飲食に関するフランチャイズについては、中小小売商業振興法11条で、「加盟に際し徴収する加盟金、保証金その他の金銭に関する事項」「加盟者に対する商品の販売条件に関する事項」「経営の指導に関する事項」「使用させる商標、商号その他の表示に関する事項」「契約の期間並びに契約の更新及び解除に関する事項」などを記載した書面を交付し、その記載事項について説明をしなければならないとして、

フランチャイズ本部は加盟店になろうとする者に提供・説明をする情報を定めている。

また、公正取引委員会による「フランチャイズ・システムに関する独占禁止法上の考え方について」でも、フランチャイズ加盟希望者に対して十分な情報開示をするべきであるとしている。

そして、中小小売商業振興法とフランチャイズシステムに関する独占禁止法上の考え方についてで示された情報提供されるべき内容は、日本のフランチャイズチェーン協会の「JFAフランチャイズガイド」に掲載されている。本部から加盟店に情報提供されるべき最低限の内容としては、これらの法律やガイドラインで示された内容で十分である。

しかし、中小小売商業振興法とフランチャイズシステムに関する独占禁止法上の考え方についてでは、提供すべき義務はこれらの内容を誠実に説明する義務までは課せられていない。したがって、これら提供すべき情報を誠実に説明すべき義務を本部に課すべきであろう。もっとも、これらの義務を本部に課すことは、本部の負担を増やすだけで、一方的ではないかというように考える人もいるかもしれない。だが、本部がこれらの義務を課せられることは、本部にとってのメリットともなる。契約締結後のトラブル防止になるからだ。

フランチャイズ契約に関する紛争は、加盟店の「そんな話は聞いていない」「本部が契約前に言っていることと違う」「ちゃんと説明してくれなかった」という不満に起因することが多い。これらの不満を防ぐには、どうしたら良いのかといえば、本部は加盟店に正確な情報を提供し、かつ、加盟店にそれを納得させて契約を締結させれば良いのである。そうすれば、加盟店にこれらの不満は起きようがない。

また、仮に加盟店の店舗が経営に失敗したとしても、本部が、契約の締結前に、法律に従って、加盟店に対して、契約の内容を十分かつ誠実に説明したとすれば、少なくとも本部が詐欺的な勧誘をしたことには、絶対にならない。むしろ、裁判になったとしても、「十分な説明を受けて、納得の上で、加盟店は契約をしたはずである。そうであるならば、加盟店は契約のリスクを分かっていたはず。リスクを理解して契約をした加盟店に責任があるのではないか」というような心証を裁判官は持つことになるだろう。

ロイヤルティに関する規制

次にロイヤルティに関する規制である。コンビニでは、6個のおにぎりを完売するより、10個おにぎりを仕入れて2個廃棄する方が本部は儲かるということが起きている（52ページ～参照）。これが、第2章で述べた「コンビニ会計」である。廃棄の負担を加盟店に一方的に押し付けているために、廃棄がどれだけ出ようが少しでも売れた方が本部は儲かるということが起きているのである。

コンビニ特有の問題となるが、フランチャイズ法で、廃棄の負担を加盟店に一方的に押しつけるコンビニ会計は禁止されるべきであろう。フランチャイズ法が目指すべきものは、本部と加盟店の共存共栄である。したがって、本部と加盟店が利益・リスク・コストを公平に分担するべきである。廃棄のほとんどを加盟店が負担するなど、加盟店が一方的に不利となるコンビニ会計は禁止されるべきであろう。

本部と加盟店が利益・リスク・コストを公平に分担することは、経済産業省「新たなコンビニのあり方検討会」においても提言されている。利益・リスク・コストを公平に分担する仕組みの構築が求められている現在、コンビニ会計は禁止されて然るべきである。

ドミナント規制

次に求められる規制は、ドミナント規制である。第3章で述べたが、同一チェーンに近隣出店をされた加盟店店舗の売上はガタ落ちとなる。自分の店舗の近隣に品揃えからサービスの内容まで全く同じ店が出現するわけである。売上が下がらないわけがない。そして、本部が奪うのは売上だけではない。加盟店オーナーの家庭すら崩壊させてしまうこともある。これに対する規制が必要であろう。

現在の日本では、フランチャイズ本部の競合店出店の権利が、本部と加盟店が締結したフランチャイズ契約において明記された場合、この契約の内容が尊重される結果、フランチャイズ本部は自由にフランチャイズ加盟店店舗の近隣に競合店を出店することができることになってしまっている。これも、日本にはフランチャイズ法による規制がないがためである。

実際、本部による近隣出店が問題となった裁判では、契約で本部は自由に出店できるとされているため、加盟店の訴えが認められたことは一度もない。日本の裁判所は、フランチャイズ法による本部の近隣出店規制がないがために、本部と加盟店が締結した契約にしたがって、本部は自由に出店できると判断しているのである（第3章を参照）。

それでは、ドミナント規制があるとどうなのか、フランチャイズ法のあるアメリカ合衆国の例で見てみたい。

アメリカでは州ごとに法律が異なる。たとえばインディアナ州では、「フランチャイズ契約によって加盟店に与えられた排他的テリトリー内で加盟店のビジネスと実質的に一致する本部所有の店舗を出店すること」、または、「排他的テリトリーが規定されていない場合、本部に合理的なエリア内において加盟店に不公正な競争を本部が強いること」を違法行為とする。すなわち、加盟店に排他的なテリトリーが認められている場合には、本部が排他的テリトリーに出店することはもちろん、排他的なテリトリーが規定されていない場合であっても、合理的に加盟店の商圏だと考えられる場所に本部が出店することを禁止されているのである。

本部による近隣出店により加盟店が損害を被った場合には、加盟店に損害賠償請求権が認められるという規制を持つ州もある。アイオワ州フランチャイズ法537A10・6条（523H・6条）は、「本部が既存の加盟店と同じ商標・マークの新たな店舗を、加盟店の店舗の不当な近隣に設置し又は他の加盟店にその設置を認める場合には、本部が最初に当該新店舗を当該加盟店に同一条件で提供することを申し出たか、当該新店舗の設置による既存の加盟店の売り上げの減少が店舗設置の前後12カ月間で比較して6％未満である等の場合を除き、不利な影響を受けた加盟店は、損害賠償を請求する権利を有する」と規定している。

このように、アイオワ州では、本部が加盟店店舗の近隣に出店を行う場合、本部は加盟店に当該店舗の経営を同一条件で提供することを申し出る、すなわち、本部は加盟店に優先的にかつ同一条件でその店舗を経営する契約を申し出なければならない。そして、もし本部がその申し出をしなかった場合には、フランチャイズ加盟店に排他的テリトリーが認められているかどうかとは無関係に、本部の近隣出店によりフランチャイズ加盟店の売上減少分を損害として、本部はその損害を加盟店に賠償しなければならない。

もっとも、アメリカにおいても、フランチャイズ法によるフランチャイズ本部の近隣出店を規制することに対しては、批判もある。

その一例を挙げると、規制は本部の市場拡大の機会を奪う。本部が市場開発できないことによる損失はロイヤルティや加盟金などで加盟店が負担することになるだけである。この結果、加盟金が上昇すれば、フランチャイズに加盟できる人は富裕層や企業のみとなり、中間層などがフランチャイズに加盟する機会を減少させ、フランチャイズビジネスを始める機会を減らすことになるだけである。規制が厳しくなれば、フランチャイズビジネスそのものの魅力を減少させ、雇用の創出、経済の活性化などフランチャイズ産業が大きな役割を果たしてきた経済効果をも失わせる。実際フランチャイズ本部はフランチャイズ規制が厳しい州でフランチャイズを拡大したがらない……というものだ。

しかし、よく考えていただきたい。これらの州の近隣出店規制は、加盟店が損をし、本部だけが利益を得るというようなことを制限するだけの規制である。

本部だけが栄えて、加盟店は儲からない――このようなフランチャイズチェーンに加盟したい人はいるだろうか。みすみす投資した金銭をドブに捨てたいと考えるような人がいるわけがない。ほとんどの人は、「加盟店が儲かることによって、本部も繁栄する」フランチャイズチェーンに加盟したいと考えるはずである。

営業日や時間の裁量権を加盟店に付与

次に、フランチャイズ法に必要なことは営業日や時間に対する裁量権を加盟店に認めることである。

たとえば、次のような深夜時間帯、あなたが店舗の経営者であったらどのように思うであろうか。

あなたの店舗の最寄り駅の終電は午前0時。この時間を過ぎると、お客さんは極端に減り、売上はごくわずか。アルバイトを雇うにしても、時給を相当高くしないと見つからない。深夜時間帯は、毎日大赤字である。

このような状況でも、経営者であるあなたは深夜営業を続けたいと思うであろうか。

他によほどのメリットがない限り、おそらく経営者なら深夜営業は儲からないからやめようと考えるのではないだろうか。

しかし、コンビニでは、このような経営判断は許されていない。加盟店オーナーは24時間365日営業をするとの契約を結んでしまっているからである。

第2章でも述べたが、2019年2月に起きたセブン-イレブン東大阪南上小阪店事件がコンビニ問題を世に広めるきっかけを作った。この事件はセブン-イレブン東大阪南上小阪店のオーナーである松本実敏氏が人手不足を理由に深夜営業を取り止めたことに端を発する。

この松本さんの店舗だけでなく、人手不足と最低賃金の上昇によって、深夜営業は加盟店オーナーの過重労働の原因となっている現実がある。しかも、深夜営業は加盟店にとって赤字となる店舗が多いのは事実である。まさに上記の例で述べたような話が現実に起きているのである。

この実態については、経産省も認めていることである。第4章で述べた通り、経産省が行った加盟店オーナーアンケートや経産省「新たなコンビニのあり方検討会」による加盟店オーナーヒアリングの結果などから、コンビニ加盟店オーナー達が疲弊していることは明らかとなっている。この実態を踏まえ、経産省の新たなコンビニのあり方検討会は報告書において、「営業時間と休業日などを、経営環境や地域社会の需要・認識の変化を踏まえて、加盟店の判断で決められるようにすべきである」との提言をした。

経産省は、コンビニ加盟店オーナー達が疲弊したままでは、社会インフラとしてのコンビニを維持できないという危機感を持っている。

コンビニが持続可能なものとなり、これからも発展し続けるようにするためにも、加盟店オーナーの過重労働を軽減しなければならない。これを実現するために必要なこととして、営業日や時間の裁量権を加盟店に付与するべきであるとの判断が経産省でなされたのである。

この経産省の考えには大いに賛同できる。加盟店の負担を減らすためにも、加盟店が自由に営業日や営業時間を決められるようにすべきである。

加盟店団体に団結権と団体交渉権を保障

第4章で述べたとおり、2019年3月に中労委はコンビニ加盟店オーナー団体であるコンビニ加盟店ユニオン及びファミリーマート加盟店ユニオンに対して団体交渉権を認めなかった。コンビニ加盟店オーナーに労働組合法上の労働者性が認められなかったためである。しかし、筆者はフランチャイズ法によって、フランチャイズ加盟店の団結権と団体交渉権が保障されるべきであると考える。

まず、団結権から考えたい。たとえば、コンビニ加盟店団体の一つコンビニ加盟店ユニオンが結成された理由は、第4章で述べた通り、小規模事業者である個別のコンビニ加盟店オーナーとコンビニ本部との関係は非対等ではあるが、コンビニ加盟店オーナーが団結すれば、コンビニ本部とわずかではあるが対等な関係に近づくことができる。そして、コンビニ加盟店オーナー達は、個別ではなく集団でコンビニ本部と話し合いをすることによって、コンビニ加盟店オーナー達が抱える問題の解消を目指したことにある。すなわち、本部と対等に話し合いをする力を得たいがために、コンビニ加盟店オーナー達は団結をしたのである。

しかし、この加盟店の団結を本部が快く思うはずはない。本部が団体を設立しようとする加盟店もしくは加入しようとする加盟店に嫌がらせを行う、さらには、フランチャイズ本部が加盟店団体のリーダーに嫌がらせを行うことがある。本部は、団結する加盟店オーナー、そして、そのリーダーとなる加盟店オーナーに良い感情を持つはずはなく、団結を阻止しようと嫌がらせまがいの行為を行うことは容易に想像できることである。だから、法律によって加盟店オーナーの団結権は保障されなければならないのである。

海外のフランチャイズ法における団結権と団体交渉権

法律によって加盟店オーナーの団結権は保障されなければならないとの考えに立ち、アメリカでは11の州が、フランチャイズ法によって、フランチャイズ加盟店の団結権を保障している。アーカンソー州、カリフォルニア州、ハワイ州、イリノイ州、アイオワ州、ミシガン州、ミネソタ州、ネブラスカ州、ニュージャージー州、ロードアイランド州、ワシントン州である。

これらの州では、加盟店オーナーが他の加盟店オーナーと団結することや、加盟店団体に加入することを本部が制限または禁止した場合、フランチャイズ法違反となる。そして、これらの州のフランチャイズ法では、他の加盟店オーナーと団結したこと、または、加盟店オーナーが加盟店団体に加入したことを理由に本部が報復をすることも禁止されている。

アメリカの各州において、加盟店間の自由な団結を保護するためのフランチャイズ法があるということによって、どのようなメリットが発生しているかといえば、仮に加盟店が団体に加入したとしても、本部はフランチャイズ契約の解約や他の報復的な行為をすることができないということにある。本部によって報復的な行為をされないという心配が加盟店になくなるため、加盟店は集団で権利を主張することが可能になるのである。

しかしながら、アメリカ各州のフランチャイズ法においても、加盟店には本部と団体交渉をする権利は認められていない。加盟店には団結権はあっても、団体交渉権はないのである。したがって、加盟店が団体交渉を求めても、本部がこれを拒否すれば、それで終わりである。本部が団体交渉を強制されることはないのである。

一方で、加盟店の団体交渉権が認められている国もある。それは、オーストラリアである。なぜ、オーストラリアにおいて団体交渉権が認められているのであろうか。

オーストラリアには、フランチャイズ法に相当する「フランチャイジング行為規則」がある。このフランチャイジング行為規則は本部と加盟店間に力の格差があることを前提に、本部と加盟店間の力の不均衡を是正することを目的に制定された。

しかし、本部が加盟店に不利益を強いることに対して、このフランチャイジング行為規則による規制のみで、十分であるかといえば、必ずしもそうではなかった。たとえば、本部の近隣出店による加盟店の商圏侵害やフィー（本部への支払金）の増額、本部による加盟店へのサービスの削減等が行われても、加盟店は不十分な救済しか受けられていないという現実があったのだ。フランチャイジング行為規則による規制の隙間を本部が掻い潜り、本部による加盟店に対する搾取がまかり通っていたのである。そこで、法律による規制の不十分な点を補うものとして、団体交渉がその役割を果たすことを期待された。

フランチャイズ法によって全ての問題を解決することは不可能であるし、フランチャイズ法に規定がなければ、司法や行政によってその問題を解決することはできない。たとえ、本部の行為が加盟店を虐げていると、一般人が常識的に考えることであっても、法律でそれを取り締まる内容がなければ、本部の行為は違法とはならないからである。

では、オーストラリアはどのように解決したのか。その答えが加盟店に団体交渉権を与えるということであった。加盟店に団結権と団体交渉権を認めることによって、加盟店が団結し、本部と対等な立場で団体交渉ができるようにする。そうすれば、法律によって解決するのと同じような結果を導くことができるのではないのかという発想である。また、個々のチェーンに特有な問題が発生してしまった場合、司法や行政が介入するよりは、そのチェーン内で解決をしてもらった方がより良い結果になる場合もある。

以上の考えから、加盟店の団結権を保障することで本部と加盟店の力の不均衡を是正し、加盟店の団体交渉権を認めることで本部による不当な搾取を減らすという、重要なメカニズムとしての役割を団結権と団体交渉権は期待されているのである。

本部にとってもメリットとなる

団結権や団体交渉権が加盟店に認められると本部が一方的に不利になってしまうように感じる人がいるかもしれない。しかしながら、筆者は、本部にとってもメリットがあると考える。それは、フランチャイズシステムにおいて、本部と加盟店の関係は共存共栄だからである。

共存共栄を第一に考え、共に栄えて行こうとするならば、お互いの信頼関係が維持されている必要がある。そうだとするならば、紛争が起きたときの最良の解決方法は「和解」であることに疑いはないだろう。

「双方が話し合い、お互い納得の上で、後腐れなく手打ちをする」のと、「お互いにいがみ合ったまま対立を続けたり、あるいは、どちらかが泣き寝入りして不信感や恨みを持ち続ける」のと、どちらが良い関係であるといえるだろうか。敵対心や猜疑心を持ったままの関係で、これからのビジネスを上手くやっていけるだろうか。

いがみ合う関係と話し合いで不信感を打ち消した関係、どちらがビジネスで成功できるかは言わずもがなである。話し合いで問題を解決し、これから共に手を携えて繁栄していこうとする関係の方が良いに決まっているし、この関係があるからこそビジネスパートナーとしてお互い成功に向かって歩めるのである。だからこそ、共存共栄の理念に従って、本部と加盟店も話し合いで問題を解決すべきなのである。

そして、団結権と団体交渉権が認められた加盟店団体は、問題が生じた時に話し合いを行う重要なチャネルとなる。何千、何万といる個別の加盟店オーナーと話をせずとも、加盟店団体の代表と話をすれば良いので、これは本部にとってのメリットにもなる。

さらにいえば、紛争が生じた時だけではない。本部が加盟店との良好な関係を築くことを望む場合、加盟店の団体は、本部が加盟店とコミュニケーションをとる場合においても、重要なチャネルになってくる。加盟店オーナーから選出された加盟店団体の代表と良好な関係を築くことは、全加盟店オーナーと良好な関係を築いていることになるからである。

このように本部にとっても、加盟店に団結権や団体交渉権が認められていることはメリットになる。だから、フランチャイズ法には、加盟店の団結権と団体交渉権を保障することが必要なのである。

契約の更新拒絶に関する規制

最後に、筆者がフランチャイズ法に必要だと考えるのは、本部による契約の更新拒絶に対する制限である。これをより理解するために、次の事例を想像して欲しい。

あなたは何千万円もの借金をして、あるフランチャイズに加盟したとする。当初は、店舗の売上は不調で、借金を返すのにも四苦八苦していた。しかし、必死に働いた努力のおかげで、店舗は繁盛店となり、ようやく借金も順調に返すことができるようになった。家族もみんな喜んでいる。あと数年もすれば、借金は全額返すことができるし、これからも家族は幸せに暮らせるだろう。こんなことを考えていた時に契約更新の日が近づいてきた。

商売は順調であるから、あなたは契約の更新をしたいと考えていた。それなのに、本部は「契約の更新はしない。あなたの店舗を直営店にする」と言ってきた。このようなことをされたら、あなたはどのように思うだろうか。

家族の生活のために必死に働いて、繁盛店にしたのである。その努力を本部は奪おうとしている。「本部は酷い」とか、「許せない」とか考える人ばかりなのではないだろうか。もちろん、筆者の知る限りでは、ここまで悪質な事件はないはずである。しかし、現在の日本の法律では、このような事件が起きても、加盟店を守ることはできない。加盟店を保護するフランチャイズ法がないからである。

第2章でも触れたが、契約の更新は本部と加盟店の合意によって行われるため、本部は更新を拒否することは自由であり、本部の恣意的な判断で更新拒絶をすることができるからである。

そして、契約の更新が問題となるのはこのような事件だけではない。本部が加盟店に対し優越的な地位にあることが顕著に現れるのは、コンビニフランチャイズ契約の更新（ファミリーマートでは再契約）のときである。この契約の更新を本部が恣意的に行うことができるという問題が、加盟店が不利な取引内容を受け入れてしまう原因となっている。

実際、この点は、さまざまな行政機関や裁判所で認定されている。２０１９年3月15日に中労委から命令書が交付されたファミリーマート不当労働行為再審査事件（※１）において、再契約の問題について判断がなされている。ファミリーマート加盟店ユニオン側は、商品の品揃えや欠品率等を定めた本部の経営力審査基準に従わないと再契約を拒絶されるおそれがあると主張している。

同じように、同日に命令書が交付されたセブン-イレブン不当労働行為再審査事件でも、店舗指導員の指導に従わなければ契約の更新がされないという圧力があることは認められている。

さらに、「本部が見切り販売を行うことにより契約の更新ができなくなるとの不利益が生ずることを申し向けて、加盟店が見切り販売の取りやめを余儀なくさせていること」は東京高裁平成25年8月30日判決（判例時報２２０９号10頁）で認定されている。

契約の更新がされないということは、加盟店にとっては生活の糧を失うことを意味する。だから、本部による契約更新拒絶に加盟店は怯えており、本部の意向に逆らえないという構図ができあがっているのである。したがって、この本部による契約更新拒絶に対する規制が必要である。

アメリカにおける更新拒絶の「正当事由」

それでは、海外ではこの契約の更新拒絶に対する規制がどのように行われているのであろうか。アメリカにおいて、フランチャイズ法で本部の更新拒絶には正当事由が必要であると規定している州は15州ある（プエルトリコやヴァージン諸島も含めると17になる）。正当事由とは、本部が契約の更新拒絶をすることが正当だと認められる理由という意味である。アメリカ合衆国の各州のフランチャイズ法では、本部にこの正当事由がなければ、本部による契約の更新拒絶は認められないとしているのである。

では、本部の更新拒絶が正当であると言えるためには、いったい何が必要なのだろうか。

筆者は、本部によるフランチャイズ契約の更新拒絶が認められるには、①本部と加盟店間の信頼関係が破壊されたこと、②加盟店の投資が回収されていること、③加盟店に対するグッドウィル（営業権、のれん代）の補償がされていること、④契約更新の交渉を本部が加盟店と誠実に行なっていたこと、⑤本部が他の加盟店と比較して差別的取り扱いを行っていないことという五つの要件が満たされる必要があると考える。これは、本部による恣意的な契約の更新拒絶を認めず、仮に更新拒絶がなされたとしても、十分な補償を加盟店に与える必要があると考えるからである。

要件1：本部と加盟店間の信頼関係が破壊されたこと

本部による契約の更新拒絶が認められるために必要な要件の一つ目、①本部と加盟店間の信頼関係が破壊されたことから考える。加盟店にとって、契約の更新拒絶をされるということは生活の全てを失うことを意味する。

したがって、本部が恣意的に契約の更新拒絶を行えるというのは妥当ではない。加盟店が重大な契約上の義務違反を行っていたことなどの信頼関係の破壊がなければ、契約の更新拒絶ができないと考えるべきである。

カリフォルニア州のフランチャイズ法では、更新拒絶などのフランチャイズ契約終了について、「フランチャイズ契約の法的な条項に実質的に従うことができず、これを治癒することができなかった場合に本部はフランチャイズ契約を解消できる」というように規定されている。

フランチャイズ契約の法的な条項に「実質的」に従うことができなかったと規定している意味は、（1）契約違反をした者が契約に従うための誠実な努力をしたか、そして（2）契約違反をした者が容易に治癒または支払いを行うことができるような些細な違反ではなかったかの2点をチェックすることにある。

この目的は、契約の内容に従おうと誠実に努力している加盟店が些細なまたは重要ではない違反を口実に本部から契約の解消をされないようにすることにある。本部の恣意的な契約の更新拒絶を防ぐためには、重要でない契約違反による契約の更新拒絶を制限する規定が必要である。だから、本部が契約の更新拒絶をするためには、加盟店が重要な契約違反をした時など、本部と加盟店の間の信頼関係が破壊されたことが必要であるとしているのである。

要件2：加盟店の投資が回収されていること

二つ目は、投資が未だに回収されていない場合など、加盟店が契約の更新を期待している場合には、本部の更新拒絶が認められるべきではない。

加盟店オーナーは、店舗経営からの収入によって、生活をしていこうと考え、フランチャイズに加盟する場合が多い。中には、一生の仕事にするつもりで加盟する者もいるであろう。すなわち、人生をかけて、フランチャイズ契約を締結するのである。

それなのに、契約の際に支払った金銭や開業の準備のために費やした金銭が未だ回収できていない時に、契約の更新を拒絶されてしまったらどうなるであろうか。これからの生活の術を失うだけでなく、多額の借金だけが残る場合もあるであろう。このような状態に加盟店を置くことは許されることではない。

したがって、投資の回収ができていない、あるいは、少なくとも合理的に考えて、投資の回収に必要だと考えられる期間は本部による契約の更新拒絶を認めるべきではない。もちろん、これは、本部にとってもメリットとなる。このような規制があれば、加盟店が安心して店舗の経営に励むことができるからである。

誰でも早く借金を返済したいと考えるはずである。だから、加盟店オーナーは店舗経営を頑張るはずである。こんな時にこそ、本部は加盟店を応援した方が加盟店の売上は上昇するし、加盟店の売上が上昇すればこれは本部の利益になるはずである。

借金の返済もままならないうちに契約が打ち切られる可能性があるフランチャイズチェーンに加入したい人はいないだろうし、投資の回収ができるまで本部は加盟店の面倒を見てくれることになれば、加盟店は安心してフランチャイズチェーンに加入することができる。だからこそ、加盟店が投資の回収ができるまで、本部による契約の更新拒絶を認めてはならないとするルールが必要なのである。これは本部と加盟店の双方にメリットのあることになるはずである。

要件3：グッドウィルの補償

グッドウィルとは、店舗が品質の良い商品、サービスなどを提供し続けることによって得られた顧客誘引力を指す。簡単にいうと、ここでいうグッドウィルとは店舗の価値、営業権を指す。すなわち、例を挙げると次のような話である。

Aが店舗の営業権を1000万円で購入したとする。Aの努力の結果、Aの店舗が品質の良い商品、サービスなどを提供し続けることによって、店舗は3倍の利益を出す繁盛店となり、Aの店舗の営業権は3000万円の価値を持つことになった。この場合、BがAの店舗を購入しようとする場合、Aが当初に購入した額である1000万円でAの店舗を購入することができるであろうか。

常識的に考えて、BはAに3000万円を支払わなければ、Aの店舗を購入することができるわけがない。店舗を繁盛店にしたのはAであり、Bがその繁盛店を手に入れたいと考えるならば、それに見合う対価を支払わなければならないはずである。

フランチャイズについても同じことが言えるのではないだろうか。たとえば、Aがフランチャイズに加盟し、必死に努力してAの店を繁盛店にしたとする。しかし、契約の満期がきた時、本部はAとの契約を更新せず、Aとの契約を打ち切った。その後、本部はAの店舗を直営店にした。この場合、本部はAの努力を全て奪い取ることになる。これが許されて良いのだろうか。現在の法律では、これを規制することはできない。だから、この本部の行為は違法行為とはならない。

加盟店は、この店舗が繁盛すれば生活が向上すると信じているからこそ、日々繁盛店になるように努力をしている。加盟店が血の滲むような努力をして繁盛店になった店を本部が奪って、直営店に変えてしまった。このようなことが許されて良いはずはない。したがって、本部が、この加盟店の努力を無駄にすることになる契約の更新拒絶をする場合には、加盟店のグッドウィル（営業権）に対する補償をすべきである。

この点について、カリフォルニア州フランチャイズ法は、不法な更新拒絶があった場合、本部はフランチャイズビジネス、フランチャイズの資産、その他への損害賠償を公正な市場価額で加盟店に行わなければならないとしている。すなわち、加盟店が行った投資だけでなく、加盟店がフランチャイズ契約締結後に行った経営努力によるフランチャイズの価値上昇分も損害賠償が認められる。

たとえば、加盟店が１０００万円の投資を行って本部とフランチャイズ契約を結び、ある店舗の営業権を手に入れたとする。加盟店の努力によってその店舗の価値を３０００万円まで引き上げた場合、本部による不法な更新拒絶が行われたときには、加盟店は本部から３０００万円の賠償が認められることになる。

しかし、一方で、加盟店がビジネスに失敗し、その店舗の営業権が暴落した場合、例えば、店舗の営業権がゼロ円になった場合には、本部の損害賠償額はゼロとなる。このように加盟店がビジネスに成功し繁盛店にして店舗の価値を上げていれば賠償額が高額になるし、失敗していれば賠償額が低くなり、場合によってはゼロにもなる。このように加盟店の努力による成果が正当に評価されるのである。

上記の例は、契約の更新拒絶がある場合に、グッドウィル（営業権）の補償がなぜ必要かについての理由でもある。それは、本部による契約の更新拒絶があったとしても、加盟店の出した結果が正当に評価されて、報われることが必要だからである。現在は、フランチャイズ法がないために、繁盛店の店舗も、不採算店の店舗も、本部に契約の更新を拒絶されてしまうと、加盟店が得られる補償は、双方ともゼロ円である。これでは、繁盛店の加盟店は納得できないであろう。だから、繁盛店を築いた加盟店の努力を正当に評価する仕組みが必要である。

そして、この仕組みがあることは、これは本部にとってもメリットとなる。繁盛店にすれば、契約の更新拒絶があっても、高額な補償が受けられるという安心感で働くことができれば、加盟店は良い結果を出そうと必死に努力するはずである。加盟店が繁盛店になれば、本部はロイヤルティ収入を増やすことができる。だから、加盟店の努力が報われるようにすることは本部にとってメリットのあることなのである。

要件4：契約更新の交渉を本部が加盟店と誠実に行っていたこと

加盟店にとっては、自身の店舗が生活の全てとなっている場合が少なくない。そんな加盟店オーナーが、契約の満了日が近づいたある日、本部から契約の更新拒絶を告げられたとする。これは加盟店オーナーが本部から死刑宣告を受けるに等しい。加盟店オーナーは生活の全てを奪われることを意味するからである。だから、本部に加盟店オーナーと誠実に契約更新の交渉を義務付ける必要がある。

本部が誠実に交渉し、加盟店が納得の上で、契約の更新を取りやめるのと、本部が一方的に契約の更新拒絶を告げるのとどちらが紛争回避につながるであろうか。本部が誠実に加盟店と交渉をした方が、紛争が発生する確率は低いに決まっている。本部が誠実に契約の更新について加盟店と話し合うことは、紛争回避につながり、本部にとってもメリットのあることなのである。

要件5：本部が他の加盟店と比較して差別的取り扱いを行っていないこと

差別的取り扱いをしてはならないとは、簡単にいうと更新が認められるか否かの基準を明確にしなければならないということである。

A店とB店は全く同じ店舗運営をしていて、売上もほぼ同じ。それなのに、A店は、本部から契約の更新が認められ、B店は本部から契約の更新を拒絶されたとする。B店のオーナーからすれば、納得がいかないであろう。

しかも、これはB店のオーナーの問題だけではすまない。この問題は、このチェーン全体の問題へと繋がりかねない。本部への不信感を全加盟店が持ってしまうからである。

というのも、現在の契約では、本部の恣意的な判断によって、契約の更新をするか否かを決めることができることになっている。従って、このようなことが起きれば、本部の意向に従わない加盟店は契約の更新がされないという疑心暗鬼を加盟店に生んでしまうことになる。果たして、このような疑心暗鬼を持ったまま加盟店が店舗の経営に打ち込むことができるであろうか。

本部に逆らったら終わりだという恐怖を感じながら、あるいは、何をすれば契約の更新がされるのかわからないという不安を抱えたまま店舗経営に専念などできるはずはない。人は不安を抱えたときには前に進む勇気を持てないが、目標を持つことができると大きく前進する力を持てるものである。

そうだとするならば、やはり、契約が更新されるか否かの明確な基準があり、この基準を満たせば契約の更新がされるとの安心感を本部は加盟店に与える必要があるであろう。「この基準をクリアすれば、契約の更新は保障されますよ。だから、店舗経営を頑張ってください。我々本部も応援します」というチェーンと、契約更新の基準がはっきりせず疑心暗鬼になっているチェーンとどちらで働きたいだろうか。目標となる基準があって、それを満たせば、これからも店舗の経営ができるという安心感のあるチェーンの方が良いに決まっている。

しかしながら、コンビニ業界では契約の更新拒絶の基準は、はっきりしていない。第2章でも述べたが、これにより加盟店オーナーの不信感は募っている。この点については、2019年3月に中央労働委員会がコンビニ加盟店ユニオンとファミリーマート加盟店ユニオンに団体交渉を認めなかった際に開かれた両ユニオンの記者会見の際に、ファミリーマート加盟店ユニオンの書記長岡崎佳奈氏は、「契約の満了の直前に本部から色々な要求があり、これに従わなかったために再契約をされなかった事例がある」「再契約をされなかったら、家族単位で職を失うことになる」「本部による再契約（ファミリーマートの場合、契約の更新ではなく再契約）が問題となっている。本部は再契約の具体的な判断基準を明らかにしてほしい」と訴えている。

このように現在のコンビニでは契約の更新、再契約の判断基準が明確ではなく、コンビニ加盟店オーナー達は不安を感じているのである。この実態を改める必要があるのではないだろうか。

（※1）中労委「ファミリーマート不当労働行為再審査事件（平成27年（不再）第13号）命令書」。その他平成31年3月15日中労委「セブン-イレブン・ジャパン不当労働行為再審査事件（平成26年（不再）第21号）命令書」。

第6章　コロナ禍でも営業を続けるコンビニ

コンビニ加盟店は国民の生活を守るヒーロー

「我々の国が最も必要としているときに国民の生活を守るためにヒーローのようなリーダーシップを見せている」

「（新型コロナの感染拡大が続く中でも）加盟店は店舗の営業を続けている。だから、棚には商品が並び続けている」

「セブン-イレブンの加盟店に感謝する。我々はセブン-イレブンチームだ」

これは、2020年4月16日、アメリカのセブン-イレブン本部が、加盟店を励ますためにSNSに載せたメッセージを意訳したものである。当時、アメリカは新型コロナの感染者数と死者の数が世界最大となっており、多くの都市がロックダウンされていた。このような状況の中で、自分が感染する危険があるにもかかわらず、多くの加盟店の店舗は営業を続けていた。国民の生活を守る加盟店は、まるでヒーローのようだ。このようにアメリカのセブン-イレブン本部は、加盟店に対して敬意と感謝を示したのである。

それでは、新型コロナウィルスの感染拡大が続く中、日本のコンビニ加盟店はどんな状況に置かれていたのであろう。

緊急事態宣言の最中でも「コンビニは開いている」

２０２０年新型コロナウィルスが世界中で大流行し、パンデミックを引き起こした。このため、日本の政府は、２０２０年４月７日に緊急事態宣言を発出した。緊急事態措置を実施すべき期間は、２０２０年４月７日から5月６日までの１カ月間とし、実施すべき区域は、埼玉県、千葉県、東京都、神奈川県、大阪府、兵庫県、及び福岡県の７都府県としたのである。

安倍総理は、緊急事態宣言を発出する際の記者会見において、人と人の接触を７割から8割を減らすために、不要不急の外出自粛や在宅勤務を呼びかける一方で、「社会機能はしっかりと維持してまいります」とし、「食品など生活必需品の製造・加工に関わる皆さん、物流に携わる皆さん、そして小売店の皆さんには、営業をしっかりと継続していただきます」と述べている（※１）。すなわち、社会機能を維持するために、コンビニを含めた小売店は営業を継続することを安倍総理は求めたのである。

この緊急事態宣言を受けて、たとえば、東京都は、休業要請する施設を発表したが、コンビニは、対象外とされた。コンビニは、社会インフラであり、生活必需品の購入に欠かせない施設だからであろう。

その後、緊急事態宣言は全国に拡大した。しかし、休業要請をした全ての都道府県において、コンビニに対しては、休業要請はされていない。この新型コロナウィルスの感染拡大が広がる中でも、コンビニ加盟店オーナー達は、都道府県知事から休業要請を受けることなく、それどころか、総理大臣からは「営業をしっかりと継続していただきます」と求められてしまっていた。

コンビニ本部の対応

総理大臣から「営業をしっかりと継続していただきます」と言われたコンビニ本部は、緊急事態宣言の中でも、営業を原則すると発表した。たとえば、セブン-イレブン本部は、「緊急事態宣言への対応」を2020年4月7日に発表し、「①感染リスクの低減や人命・安全を最優先に、各店舗の状況に合わせ、可能な限り営業を継続、②社会におけるインフラ機能としての役割を果たすため、本部は政府や行政と連携し、店舗の営業継続に向けたバックアップを実施」するとした。

もちろん、各コンビニ本部は、営業を続けるにあたっての対策もとっている。レジカウンターにビニールシートを設置、レジ待ちのスペースの間隔の目印となるサインの設置、イートインコーナーの座席間隔を広げるなどの対策を各コンビニ本部は実施した。

これだけではない。コンビニ本部独自の加盟店支援策も行われている。セブン-イレブン本部は、2020年4月に「フェイスシールドと使い捨て手袋の無償支給」、「加盟店を支援するための特別感謝金として、1店舗あたり、一律10万円を支給」、「従業員特別感謝手当として1店舗あたり、一律6万円のプリペイドカードの支給」を決めた。さらに同年5月には、セブン-イレブン本部は、追加支援策として、加盟店に対して、500万円の緊急融資、売上高が前年比で10%以上減った店舗に対して、減少率に応じて10万円以上を支援することを決めている。

ローソン本部は、2020年4月に「ゴミ箱の利用停止や灰皿の撤去など感染拡大防止策を実施」した。そして、「従業員に感染者が出て休業した店舗に見舞金を支給する」ことも決定している。さらに2020年5月には、ローソン本部は、食品廃棄費用の本部負担を増やすことや照明設備のレンタル料免除など総額31億円の追加支援策を発表した。

ファミリーマート本部は、2020年4月に「新型コロナの影響で24時間営業をやめた場合でも、4月と5月については24時間支援金を維持する」「従業員が感染して休業を余儀なくされた場合に10万円の見舞金を支払うこと」「従業員が感染した場合の店舗の消毒費用を本部が全額負担すること」などの支援策を行うことを決めた。その他、灰皿の撤去、ゴミ箱の利用禁止についても加盟店に呼びかけている。さらに、5月には、追加支援策として、2020年4月と5月の総収入が前年比で減少した加盟店に対して、減少率により、5万円から10万円を支援することを発表している。

コンビニ加盟店オーナーや従業員への感染

このように、新型コロナウイルスの影響が日本で続く中、各コンビニ本部は感染防止策や加盟店支援策を実施していた。しかし、現実問題として、コンビニ加盟店オーナーや従業員が新型コロナウイルスに感染してしまっていることも事実であった。

２０２０年４月５日朝日新聞デジタルは、高知県のファミリーマートで店長と従業員の３名が新型コロナウイルスに感染したというニュースを報じた。この店舗の店長は、新型コロナの感染が拡大する中、３月20日から４月３日までの15日間連続で勤務していたという。

この店舗だけではない。コンビニ加盟店オーナーや従業員は、複数感染している。各コンビニ本部のＨＰ等やニュース報道を調べたところ、２０２０年７月の時点で、加盟店オーナーまたはその従業員が新型コロナウイルスに感染した店舗の数は、50店舗を超えており、臨時休業に追い込まれている。

「開いててよかった」が続くために

それでは、新型コロナウィルスの猛威が続くなか営業を続けていたコンビニ加盟店の売上はどうだったであろうか。

日本フランチャイズチェーン協会の調べによれば、２０２０年４月のコンビニの売上高は、全店ベースで前年同月比10・７％減であった。コンビニは、たばこ増税のあった２０１８年10月に売上が下がったという経験をしているが、10％以上も下がったことは初めてである。

この売上高減の傾向は、２０２０年５月になっても続き、全店ベースで前年同月比９・７％減であった。４月～５月は新型コロナウィルス感染防止のために、在宅勤務、休校、不要不急の外出自粛などが呼びかけられ、経済活動が制限されていた。こうなると、成長を続けてきたコンビニといえども、これに打ち勝つことはできなかったのである。

しかも、これらの統計は、住宅街にある店からオフィス街にある店など全店舗の統計である。住宅街にある店舗はまだ持ち堪えていたかもしれないが、オフィス街、大学等の教育機関周辺、行楽地などにある店舗は壊滅的な打撃を受けていたことは想像するに難くない。ある街道沿いにあるコンビニ加盟店オーナーは、売上が20％減になったと筆者に話してくれた。

また、2020年4月の来店客数も全店ベースで前年同月比18・4％減となっている。同年5月の来店客数はさらに減って、全店ベースで前年同月比19・8％減である。

このような状況下においても、コンビニ加盟店は、新型コロナウィルス感染のリスクに怯えながら、多くの店が営業を続けてくれていたのである。

これがどれくらい日本で暮らす人々にとってありがたいことであったのか、次の統計からも垣間見ることができる。

2020年4月の来店客数は、前年同月と比べると減ってはいるが、それでも、多くの人がコンビニを利用していたことがわかるからである。なんと、2020年4月の来店客数は、全店ベースで14億6587万人となっている。これは、1日平均約4886万人がコンビニを利用していたということになる。新型コロナウィルスが流行する20

20年4月でも、毎日、日本の国民の3人に1人以上がコンビニを利用していたのである。

2020年上半期には、セブン-イレブンのキャッチフレーズのように、コンビニが「開いててよかった」と再認識することができた人は多かったのではないだろうか。新型コロナウィルスが国民の生活を脅かしている時でも、日本の国民は、不便を感じることなく、日用品や食料を買うことができた。これは、日本にコンビニがあるからできたことである。

コンビニに置かれている商品やサービスは時代とともに変化している。だけど、変わらないものが、コンビニにあった。それは、コンビニが日本の国民に提供し続けてくれていた「便利さ」と「安心感」である。

コンビニへ行けば、必要なものを買うことができる。そんな安心感を、コンビニは、新型コロナウィルスの感染が拡大する緊急事態の時でも、国民に与え続けてくれていたのである。

（※１）<https://www.kantei.go.jp/jp/98_abe/statement/2020/0407kaiken.html> accessed on 2020.5.19.

おわりに

筆者がコンビニ問題について、説明する際によく使う言葉がある。それは、

「誰かの犠牲の上に成り立つ繁栄は長続きしない」

「卵を得るために鶏を殺し続ければ、もう二度と卵を得られなくなる」

という言葉である。

本書でもこれらの言葉は使った。これらの言葉の意味するところは、持続して繁栄するにはどうしたら良いのか、継続してたくさんの卵を得るためにはどうすれば良いのか、という話である。

前者は、誰かを虐げて搾取することによって得られる繁栄なんて脆いものであるという意味である。搾取する相手がいなくなれば、その繁栄は終わりだからである。場合によっては、搾取している相手から反撃をくらうことだってあろう。「このまま野垂れ死

ぬのなら虐げている奴らと戦う」と考えた人たちの反乱によって滅んだ王朝や政権は、古今東西、数知れない。誰かを虐げて得られる繁栄なんて儚いものである。

後者は、「鶏を殺して卵を奪う」のと、「鶏を大事に育てて、毎日、卵を生んでもらう」のとどちらが賢明な選択なのかという問いに対する答えである。この問いの答えは明らかである。鶏を大事に育てた方が良いに決まっている。鶏がいなくなれば、もう二度と卵を手に入れられなくなってしまうからである。

アメリカでコンビニを営む友人も同じことを言っていた。それは、「幸せな牛ほど良くミルクが取れる」というアメリカのことわざだ。これは、自分が幸せになりたいのなら、相手も幸せにしなければならないというアメリカ人の教えである。相手が幸せになれば、その幸せを分けてもらえる。すなわち、共存共栄していくことができる。これは、まさにフランチャイズの理念である。

筆者がコンビニフランチャイズの研究をしていると、「きっと皆が幸せになる方法が必ずあるはずだ。これを見つけて世に知らしめたい」という研究者としての大きな夢を見ることができる。これが楽しくて、筆者はコンビニやフランチャイズの研究をしている。本書の執筆は、その夢を探す筆者の旅の一つであった。

本書を執筆するにあたって、多くのコンビニ加盟店オーナーの方々にご協力をいただいた。心から御礼を申し上げたい。特に亡くなった元セブン-イレブン東日本橋1丁目店オーナーの奥様である齋藤政代さんには、経験談をお話しいただけたことに心から感謝している。辛い過去があったにもかかわらず、本書にその経験を書くことを許していただいた。齋藤さんのご主人とご長男のご冥福を心よりお祈りしたい。そして、齋藤さんにも笑顔が戻る日が来ることを心から願っている。

また、コンビニ加盟店ユニオンと、NPO法人コンビニと地域環境を考える会等のコンビニ加盟店オーナーが参加する様々な団体にもお礼を申し上げたい。これらの団体には勉強会等に参加させて頂き、現場の声を聞かせていただいている。そこで多くのことを学ぶことができたおかげで、本書を完成させることができた。心からの感謝を申し上げるとともに、引き続きのご厚情をお願いしたい。

まだまだお礼を申し上げたい方はたくさんいるが、紙幅の関係で全員をご紹介することができない。本当に皆様には、感謝の気持ちでいっぱいだ。

最後に、本書を執筆する機会を与えてくださったワニブックスの大井隆義さんにも感謝の意を伝えたい。大井さんのおかげで、筆者のコンビニやフランチャイズに対する想いを伝えることができた。

本書の執筆がコンビニ問題を解決するきっかけとなり、コンビニを取り巻く人々が幸せになれる日が来ることを願っている。

２０２０年８月　木村義和

コンビニの闇

著者 木村義和
2020年10月25日

木村義和（きむらよしかず）
1971年生まれ。愛知大学法学部准教授。関西学院大学大学院法学研究科修了。博士（法学）。コンビニ問題やフランチャイズ契約に関する研究を行っている。ハワイ大学ロースクール客員研究員を務めたほか、外務省から法令調査の委嘱を受けるなど海外の法律事情にも詳しい。講演やテレビ番組での解説多数。

発行者 横内正昭
編集人 内田克弥
発行所 株式会社ワニブックス
〒150-8482
東京都渋谷区恵比寿4-4-9えびす大黒ビル
電話 03-5449-2711（代表）
03-5449-2734（編集部）

装丁 橘田浩志（アティック）／小口翔平＋加瀬梓（tobufune）
校正 東京出版サービスセンター
編集 大井隆義（ワニブックス）

印刷所 凸版印刷株式会社
DTP 株式会社 三協美術
製本所 ナショナル製本

定価はカバーに表示してあります。
落丁本・乱丁本は小社管理部宛にお送りください。送料は小社負担にてお取替えいたします。ただし、古書店等で購入したものに関してはお取替えできません。

ISBN 978-4-8470-6648-1
ワニブックスHP http://www.wani.co.jp/
WANI BOOKS NewsCrunch https://wanibooks-newscrunch.com/